人生心得帖

松下幸之助

PHP文庫

○本表紙図柄＝ロゼッタ・ストーン（大英博物館蔵）
○本表紙デザイン＋紋章＝上田晃郷

まえがき

私はまもなく満九十歳を迎えようとしています。大阪へ奉公に出るために、見送りに来てくれた母とともに、郷里の紀ノ川駅に立っていた九歳のあの日のことが、まるできのうのことのように思い出されます。

それから八十一年、いろいろなことがありました。よく人から「苦労されたでしょう」ということを言われるのですが、不思議とそのような実感はありません。とにかく、その日その日を仕事に懸命に打ちこみつつ、歩んできました。そして、さまざまなことに出会い、いろいろな人にお会いし、今日このような自分がある。そのことを思うと、世と人と仕事というものに心から感謝をしたい気持ちでいっぱいです。

私は、そうした歩みの折々に考え感じたことを、これまで求められるままに書いたり話したりしてきました。この『人生心得帖』は、それらの中から人生にかかわることを、改めてまとめてみたものです。

奥行きが深く、複雑で微妙な人生。まだまだ修業途上にある私が、人生について語るのはおこがましいかぎりです。しかし、私なりの体験とそれにもとづく考えが、皆さんのよりよき人生のために、いささかなりともお役に立てばとの願いから、あえてまとめてみた次第です。ご意見、ご感想などお聞かせいただければ幸いです。

昭和五十九年八月

松下幸之助

人生心得帖

目次

カット　長縄士郎

人生心得帖

人生の航海術

自然の理にかなったことで、事が成らないものはない。何にもとらわれない素直な心で、何が理なのかを見極めつつ行動していきたい。

人生は、昔からよく航海にたとえられます。

果てしなく広く、刻々に変化する大海原を、目的地をめざしてひたすらに進む。その過程には、平穏で波静か、快適な日々もあれば、嵐で荒れ狂う大波に木の葉のごとくに翻弄《ほんろう》される日々もある。ときには方向を見失い、さらには難破して漂流する場合も生じます。そうした姿は、確かにお互いの人生にも相通じているようです。

今日、船の旅は、昔に比べてずいぶん安全で快適なものになってきています。それは航海術の進歩や船の改良によるところが大きいと思いますが、この航海術や船の改善、改良にあたって重視されてきたのは、いわゆる自然の理法というものにどう従えば最も安全か、といったことだったのではないでしょうか。

大洋での航海には、大きな自然の力が常に働いています。風が吹けば波が立ち、波が立てば船は揺れます。それが自然の理法というもので、航海においては、この自然の理法にそむかずに従うということがきわめて大切です。もし、波があるにもかかわらずまったく揺れないように保とうとするならば、そこには非常な無理が生じて、たいへんに危険です。というより、そうした自然の理に反するようなことは、できることではありません。

そのようなことから、航海術の進歩にしても船の改良にしても、どうすれば自然の理法にそむくことなく、より安全な航海ができるか、という観点を基本に進められてきているように思うのですが、このことは、お互いの人生航路においても、同様に大切なのではないかと思います。

それでは、人生の中で自然の理に従うとはどのようなことでしょうか。それは、とりたててむずかしいことではなく、雨が降れば傘をさす、そうすればぬれないですむ、というような、いわば万人の常識、ごく平凡なことだと思います。たとえば、病気で熱が出れば無理をせずしばらく休養する。何かでお世話になった人にはていねいにお礼を言う。商売でいえば、よい品物をつくって、適正な値段で売り、売った代金は確実に回収する。あるいは売れないときは無理に売ろうとせずひと休みし、また売れるようになれば懸命につくる。このようなごく当たり前のことが人生航路における自然の理法で、これらを着実に実践できるならば、体も健康体になるでしょうし、人間関係も、商売もうまくいくのではないでしょうか。自然の理法に従っていけば、あらゆる事柄が、もともとうまくいくようになっていると思うのです。

ところが私たちは、ともすれば、このことを忘れ、何かにとらわれて壁にぶつかるということも多いように思います。

ナポレオンは「余の辞書には不可能という言葉はない」と言いました。これは見方によってはずいぶん不遜《ふそん》な言葉のように思われます。不可能なことはないといっても、人間にはやはりできないことがいろいろあります。年をとることも避けられませんし、死ぬこともまぬがれません。またそういうナポレオン自身、晩年は囚《とら》われの身となり、悲運のうちに亡くなっています。ですから、不可能はない、などというのは、人間の立場をわきまえない、うぬぼれの言葉だという見方もできると思います。

しかし、また別の見方をすれば、これはやはり一つの真理をついた言葉ともいえるのではないでしょうか。というのは、確かに人間には不可能なことがいろいろあります。不可能とはどういうことかというと、いわゆる自然の理に反することが不可能だということです。たとえば、人間は必ず年をとっていく、それは自然の理です。ですから、その理に反して年をとりたくないと願ったところで、それは絶対に不可能です。

けれどもこれは、逆にいえば、自然の理にかなったことであれば、すべて可能であるということでしょう。つまり、お互いの体のことにしても、人間関係や商売など何ごとにおいても、自然の理にかなっていれば必ず事は成るということだと思います。そういった意味で、このナポレオンの言葉は一面の真理をついていると思うのです。ただ、さすがのナポレオンも、最後は理に逆らったことをして自滅したというわけです。

波高い人生航路ではありますが、平素からこのことを頭に入れて、何ごとにもとらわれない素直な心で、何が自然の理にかなうことなのかを見極めつつ行動していけば、どのような困難にぶつかろうとも、おのずから道はひらけてくるのではないでしょうか。

運命に光彩を

人事を尽くして天命を待とう。お互いの生き方次第で、自分に与えられた運命をより生かし、活用することができるのである。

人生というものは、そのほとんどの部分がいわゆる運命というものによって決められているのではないか。自分のこれまでの歩みをふり返ってみるとき、どうもそんな気がしてなりません。

たとえば、なぜ自分は電気器具の製造販売という仕事を始めたのか、そして幸いにもこの道である程度成功し今日の姿を築くことができたのか、ということ一つを考えてみても、どうもそうなるようになっていた、そういう運命が与えられていた、という以外に説明がつかないように思うのです。

というのは、世の中には、すぐれた人がたくさんいます。体が丈夫、高い学問がある、素質、才能に恵まれている等々、そのどれ一つとっても、私はずっと下の方だと思います。にもかかわらず、今日多少なりとも事業において成功している面があるとすれば、それはそうなることが運命として与えられていたと考えざるを得ません。自分なりにその時々で一生懸命であったことは事実ですが、それが、人並み以上の勉強であったり特別の努力であったとは、とても思えないのです。

しかし、そうはいっても、今思えばこういうことはいえるのかもしれません。それは、運命というものを自分なりに、あるいは自然のうちに前向きに生かそうとしてきたということです。

家が貧しかったために、丁稚《でっち》奉公に出されたけれど、そのおかげで幼いうちから商人としてのしつけを受け、世の辛酸を多少なりとも味わうことができた。生来体が弱かったがために、人に頼んで仕事をしてもらうことを覚えた。学歴がなかったので、常に人に教えを請うことができた。あるいは何度かの九死に一生を得た経験を通じて、自分の強運を信じることができた。こういうように、自分に与えられた運命をいわば積極的に受けとめ、それを知らず識らず前向きに生かしてきたからこそ、そこに一つの道がひらけてきたとも考えられます。

いうまでもなく、運命というものは、人間の意志や力を超えたものです。私たちが、人間に生まれたこと自体、自分の意志でそうなったのではありませんし、男に生まれるか、女に生まれるか、また日本人に生まれるか、外国人に生まれるかといったことも、選べることではありません。あるいは、どういう天分、素質をもって生まれるかといったことについても、いわば天命によって決まっており、自分ではどうすることもできません。

しかし、それでは、運命として与えられたものについては、すべてまったく人間の力ではどうにもならないのかといえば、必ずしもそうではないと思います。

そこが運命の実に不思議なところというか妙味のあるところだと思いますが、みずからの意識や行動のいかんによっては、与えられた運命の現われ方が異なってくる。つまり、「人事を尽くして天命を待つ」という言葉がありますが、お互いの生き方次第で、自分に与えられた運命をより生かし、活用できる余地が残されているとも考えられます。それは寿命とか、素質、才能など、人生の万般にあてはまることだと思いますが、私のこれまでの生き方も、知らず識らずのうちに、ある程度自分に与えられた運命を生かすものであった、とはいえるような気がするのです。

では、その人間に残された余地とはどれぐらいなのでしょうか。これを数字で表わすことが適当かどうか分かりませんが、これまでの人間のさまざまな姿から私なりに察知すると、一〇パーセントから二〇パーセントぐらいはあるように思います。つまり、この一〇パーセントなり二〇パーセントの人事の尽くし方いかんによって、みずからの八〇パーセントなり九〇パーセントの運命がどれだけ光彩を放つものになるか決まってくるということです。

とすれば、お互いにとって大事なのは、その一〇パーセントなり二〇パーセントなりの範囲においてせいいっぱいの人事を尽くすということだと思います。自分の人生にはどうにもならない面があるけれども、その範囲において、こうだという信念をもって、自分自身の道を力強く歩むよう努めていく。そうすれば、たとえ大きな成功を収めても有頂天にはならないし、失敗しても失望落胆しない。あくまで坦々《たんたん》とした大道を行くがごとく、処世の道を歩んでいくことができるのではないかと思うのです。

磨けば輝く人間の本質

人間はダイヤモンドの原石のように、光り輝く本質をもっている。
しかし、このすぐれた本質も、磨くことなしには発揮されない。

お互い人間はどうあるべきか、どう生きるべきか、そのあり方を考える際にいちばん基本となるのは、〝人間とはどのようなものか〟という人間に対する認識、いわゆる人間観ではないでしょうか。人間というものをどのように考えるかによって、みずからの生き方自体も、あるいは他人との接し方なども変わってくると思うのです。

人間とは何か、ということについては、これまで学問的にも宗教的にも、あるいは暮らしの体験などからも、いろいろな見方がされているようです。たとえば知恵ある動物と見たり、社会的存在と見たり、神性や仏性をもつものと見たり、逆に迷える凡夫だとか欲のかたまりと見たり、また強いものであるとか弱いものであるとか、さまざまな見方がされてきました。

これらはいずれも人間の一つの側面を表わすものといえましょうが、私は基本的には、人間というものは非常に偉大にして尊い存在であると、いつのころからか考えるようになりました。

生来、あまり丈夫なほうではなかった私は、独立して電気器具の製造を始めてからも病気がちで、寝たり起きたりの半病人のような姿で戦争のころまで仕事にあたってきました。

ですから、自分で先頭に立ってあれこれやりたいと思っても、なかなか思うようになりません。そこで、いきおい、しかるべき部下の人に任せてやってもらうことが多かったのです。また任せるについても自分がそのような状態でしたから、中途半端に任せるのではなく、「大事なことだけぼくに相談してくれ。あとは君がいいと思うようにやってくれ」というように思い切って任せざるを得なかったのです。しかし、任された方は「大将が病気で寝ているのだから、任された自分がしっかりやらなければならない」と大いに発奮し、十二分の力を発揮してくれました。しかも、そのように燃えている人たちが、みずからの力を存分に発揮しつつ、一つの目標に向かって他の人と協力していくことによって、一プラス一の力が三にも四にもなるという姿が生まれ、組織としても大きなことができたということが、たびたびありました。

そのようなことを経験していくうちに、人間とは偉大なもので、その能力や可能性というものには限りがないのではないか、と思うようになったのです。

私は、人間というものは、たとえていえば、ダイヤモンドの原石のような性質をもっていると思うのです。すなわち、ダイヤモンドの原石は、もともと美しく輝く本質をもっているのですが、磨かなければ光り輝くことはありません。まず、人間が、その石は磨けば光るという本質に気づき、一生懸命に磨きあげていく。そうしてこそ、はじめて美しいダイヤモンドの輝きを手に入れることができるのです。

お互い人間も、このダイヤモンドの原石のように、見た目には光り輝くものかどうか分からない場合もあるけれど、磨けば必ず光る本質をそれぞれにもっている。つまり、各人それぞれにさまざまな知恵や力など限りない可能性を秘めている。そのことにお互いが気づいて、個々に、あるいは協力してその可能性を磨いていくならば、人間本来のもつ特質、よさが光り輝くようになってきます。そこに世の中の繁栄も、平和も、人間の幸福も実現されてくると思うのです。

私たちは、この人間の偉大さというものに案外気づいていないのではないでしょうか。むしろ、人間というものは弱いものである、あるいは、信頼できないものである、自分勝手なわがままなものであり争いを好むものである、といった見方に立っている。そこに今日生じているさまざまな混迷の一つの基本的な要因があるようにも思います。

お互いにこの人間の偉大な本質に目覚め、自信をもつということが大切だと思います。そして、ダイヤモンドの原石を磨くように、人間を本来の人間たらしめようと、これに磨きをかけていく。そうすれば、人間が本来もっている偉大さが花ひらき、そこにはきっと大きな成果があがってくると思うのです。

人間としての成功

自分に与えられた天分を完全に生かしきる。そこに自他ともに満足し得る人間としての正しい生き方があり、成功がある。

人はだれでも、その人生において、成功したいという願いをもっていると思います。幼いときから成功することが大事だと教えられ、自分でもなんとか成功しなければ、と考えている人が多いと思うのです。

しかし、改めて考えてみると、この人生において成功するということは、いったいどういうことなのでしょうか。

これまで一般的には、高い社会的地位や名誉を得た人、あるいは財産をつくった人が成功者といわれ、尊敬されてきています。商売の世界でも、店を大きく発展させ、利益をあげて財産を蓄え、名声を得るといったことが、成功と考えられてきたように思います。

確かに、そういうことも一つの成功の姿でしょう。しかし、お互い人間にとっての成功とは、必ずしもそれだけではなく、また別の姿も考えられるのではないかという気がするのです。

というのは、昔から十人十色といわれるように、人はそれぞれ、みな違った持ち味、特質をもって生まれついています。性格にしても、素質や才能にしても、自分と同じという人は地球上に一人もいないのです。そしてそのように、異なった持ち味、特質が与えられているということは、いいかえれば、人はみな異なった仕事をし、異なった生き方をするように運命づけられているのだとも考えられます。ある人には政治家としての天分なり使命が与えられているかと思うと、他のある人には学者としての天分、使命が与えられている。また、医者や技術者、画家や歌手、建築家や商人等々、さまざまな仕事をしていくにふさわしい天分、使命が、それぞれの人に与えられている、ということだと思うのです。

私は、成功というもののもう一つの姿とは、みずからに与えられたこうした天分を完全に生かしきり、使命を遂行することだと考えるのです。それが人間としての正しい生き方であり、これこそが、人間としての成功と呼べるものではないでしょうか。

したがってその成功の姿は、人によってみな異なるものになってきます。ある人にとっては大臣になってその任を果たすことが成功となり、またある人には靴屋さんとして周囲の人に役立ち喜ばれることが成功となります。つまり、成功かどうかの基準が、社会的な地位や名誉や財産ではなく、自分に与えられた天分、使命に沿うか沿わないか、これを十分に生かすか生かさないか、ということにおかれるということです。

もし、社会的な地位や名誉や財産を得ることが唯一の成功だと考えるならば、とにかく何としてもこれを得なければということで、お互いに非常に無理な努力をし、せっかくの自分の天分、特質をゆがめ、損なってしまうことも少なくないでしょう。また、そういうものがなかなか得られない場合には、非常に落胆したり劣等感を抱いたりして、生きるはりあいを失ってしまうことにもなりかねません。

どんなに努力したところで、すべての人が大臣にはなれませんし、社長になることも不可能です。みんなが資産家になることもむずかしいでしょう。

それに対して、それぞれの天分に生きるということは、考え方によっては全員が可能だと思います。しかも、そのようにみずからの天分に生きている人は、たとえ社会的な地位や財産があろうとなかろうと、いつもいきいきと、自分の喜びはここにあるのだという自信と誇りをもって、充実した人生を送ることができると思います。また、そういう人が多ければ、お互いの共同生活にもより豊かな活力が生まれ、力強い発展がもたらされるのではないでしょうか。

最近はよく「昔に比べ生活が豊かになったにもかかわらず、不平や不満をかこち、不安に悩む人が多くなった」ということが言われます。私はその基本的な要因の一つとして、どうもこの人間としての成功観が関係しているような気がしてなりません。地位や名誉や財産といった基準に重きをおきすぎて、みずからの独自の天分を生かし、使命に生きることの大切さが忘れられている傾向が、会社や団体にも学校にも少なからず見られるようです。それが、不満や悩みを増やすことに結びついているのではないかと思うのです。

お互いの人生における成功、人間としての成功を、それぞれの天分を生かすことにあると考え、それを求めていくことによって、不満や悩みの解消に役立つことはもちろん、個人としての生きる喜びも、社会全体の発展、繁栄の程度も、より高いものになると思うのですが、どうでしょうか。

天分の発見

みずからの天分を見出したい。まず、そう強く願う。その思いをもち続ければ、天分は日常生活の中からおのずと見出せるものである。

人間としての成功が、自分に与えられた天分を生かしきることであるとするならば、その実現のためにはまず何よりも、自分の天分を正しくつかまなければなりません。そうでないと天分を生かすといっても、生かしようがありません。

ところがこの自分の天分、特質をつかむということが、実際はなかなかむずかしい。それは、そう簡単には見出せないようなかたちで与えられていると思うのです。このことは、いささかならず不合理のようにも思えます。しかし、実はこのへんにかえって人生の面白味というか、いい知れぬ味わいがひそんでいるのではないでしょうか。

天分を見出そうという場合には、まずこのことを心得ておく必要があると思います。その上で、どうこれを求めていけばいいかということになるわけですが、第一にはやはり、自分の天分を見出したいという強い願いをもつことが大切でしょう。この願いが強ければ、日常の生活の中からおのずと自分の天分が見出せてくる場合が多いと思います。

天分を自覚するにあたっては、たとえば、自分はこの方向に向いている、という内なる声が聞こえてくることもあるでしょう。あるいはちょっとした動機や事件が、自分に思わぬ天分があることを教えてくれる場合もあると思います。また周囲の人が、君にはこういう天分があるのではないかと言ってくれることもあります。そうしたときに、天分を知りたいという強い願いをもっていれば、それをピンと感じ取ることができます。

しかし、願いが弱いとそうはいきません。他人の話でも、いわゆる「馬の耳に念仏」で、せっかくの助言も役に立たなくなってしまいます。ですから、やはりまず強く願うこと、それが何よりも大切だと思うのです。

それと、もう一つ大切なのは、いつも素直な心をもつようにするということです。この素直な心は、私心にとらわれず、物事をありのままに見、正しい判断のできる心、といいかえることができると思いますが、そういう素直な心が欠けていると、自分を買いかぶったり、他人の勧めを自分に都合よく曲解したりしがちです。それでは、とんでもない方向を自分の適性に合った方向だと思いこんでしまいかねません。

そうしたことから、自分に与えられた天分を見出すには、強い願いと、素直な心、この二つをいつも堅持していることが大切だと思うのです。

また、これはちょっと観点が異なりますが、天分の発見のためには、お互いが子どもたちに対して、小さいころから、こうしたものの見方、考え方を教え、あわせて、子どもたちが自分の天分を発見しやすい環境なり雰囲気をつくっていくことが大切だと思います。家庭でも学校でもそうした雰囲気をつくっていかなければならない。また、さらにいうならば、広く社会全体が、天分の発見に熱意をもち、発見しやすいような環境、雰囲気を生み出していかなければならないと思うのです。

そのようにして、お互いがみずからの天分を見出し、その発現に努力するとき、すべての人が成功し、すべての人が幸せになる道がひらかれてくるのではないかと思います。

そしてまた、それぞれの人がその天分に従って、無理をせず、無益な競争もせず、自分に与えられた役割を全うするならば、社会全体が有機的な活動を示すようにもなって、その繁栄が着実に高まっていくのではないでしょうか。

まず信頼すること

人間は信頼されれば、それにこたえようとするもの。信頼してだまされるならば、それでも本望だというくらいの気持ちに徹したい。

今日まで、いろいろな人とともに仕事をし、さまざまな方々とご縁をもってきました。そして、今、この時点でしみじみと感じるのは、やはり人間というものは、大きく見ればすばらしいもので、信頼すれば、必ずそれにこたえてくれるものだということです。また、信頼しあうことによってお互いの生活に物心両面の利がもたらされ、人間関係もよりスムーズになるということです。

自分の身内三人だけで電気器具の製造を始めてまもないころ、こんなことがありました。仕事が三人だけではどうしても追いつかないほど忙しくなったので、初めて四、五人の人に働いてもらうことにしたのです。ところが一つの問題が起こりました。それはどういうことかというと、そのときつくっていたソケットなどの製品には、アスファルトとか石綿、石粉などを混ぜあわせてつくるいわゆる煉物《ねりもの》というものを材料として使っていたのですが、この煉物の製法の秘密を教えるべきかどうか、という問題が出てきたのです。というのは、当時この煉物というのはまだつくられたばかりで、どの工場でもその製法を秘密にしていました。兄弟とか親戚《しんせき》など、限られた身内の者だけにその製法を教えて、その人たちが作業にあたるという姿が一般的だったのです。

しかし、そのとき、私は考えました。もし、他の工場のように製法を秘密にすれば、作業が身内の者しかできないだけではなく、その仕事場を他の従業員に見せないようにしなければならない。これはまことにめんどうで能率も悪い。それ以上に、自分の工場で働いてくれるいわば仲間に対し、そのような態度をとってよいものだろうか。そこで結局、雇い入れた人にも適宜製法を教えて、その製造を担当してもらうことにしたのです。

このようなやり方について、ある同業者の方が、「製法が外に漏れる危険があり、同業者が増えることにもなりかねない。それはぼくたちにとっても、君自身にとっても、損になるのではないか」と忠告してくれました。しかし、その忠告は忠告としてありがたく受けましたが、その仕事が秘密の大切な仕事であることを話して依頼しておけば、人はむやみに裏切ったりするものではなかろうというのが、そのときの私の考えでした。

その結果は、幸いにして、その製法を外に漏らす人もいませんでしたし、何よりも、重要なことを任されたことで、従業員が意欲をもって仕事に取り組むようになり、工場全体の雰囲気ものびのびと明るくなって、仕事の成果があがるという好ましい結果が生まれてきたのです。

その後も、できるかぎり従業員を信頼し、思い切って仕事を任せるようにしてきました。たとえば、二十歳を過ぎたばかりの若い社員に新たに設ける金沢の出張所開設の仕事を任せたり、これはと思う人に製品の開発を任せたりしてきました。そして、それらの人たちはおおむね期待以上の成果をあげてくれたように思うのです。

そのような体験を幾度となく重ねる中で、人間が信頼しあうことの大切さを身にしみて感じるようになったのです。

もし、ともに働いてくれている人に不信感をもっていたら、どのようになっていたでしょうか。きっと、自分自身精神的にも苦痛であったでしょうし、いろいろ仕事の面で非能率な姿が生まれてきたのではないでしょうか。

確かに人間の心には、愛憎の念とか損得の念とかさまざまな欲望があります。ですから、そういったものにとらわれて他人を見れば、自分のもてるものを奪おうとしているのではないか、あるいは自分の立場を損なおうとしているのではないかという疑いの気持ちも起こってくるかもしれません。しかし、そうした不信感から生まれてくるのは、不幸で非能率で悲惨な姿以外の何ものでもないという気がするのです。

大切なのは、やはりまず信頼するということ。信頼することによってだまされるとか、それで損をするということも、ときにはあるかもしれません。かりにそういうことがあったとしても、信頼してだまされるのならば自分としてはそれでも本望だ、というくらいに徹底できれば、案外人はだまさないものだと思います。自分を信じてくれる人をだますということは、人間の良心がそうは許さないのでしょう。

〝人間というものは信頼に値するもの〟そういってよいのではないかと思うのです。

感謝する心

感謝の心を忘れてはならない。感謝の心があってはじめて、物を大切にする気持ちも、人に対する謙虚さも、生きる喜びも生まれてくる。

だいぶ以前のことですが、体調を少し崩していたこともあったのでしょう、どうも精神的に疲れを覚え、気がめいってはればれとした気持ちになれずに日々を過ごしていたことがありました。

そんなある日、たまたま出会った親しい友人に、「どうも最近は、なんとなく心さみしくて、ときどき世の中を悲観するような感じにおそわれるんだ。どういうわけだろうか」と、尋ねてみたのです。するとその友人は即座に、「それは、君、憂鬱《ゆううつ》病だよ」と言うのです。自分ではそんなつもりはまったくありませんでしたから、びっくりしましたが、しかし、そう言われてみると、あるいはそうかもしれないという気になりました。

そこで「じゃあいったい、その原因はどこにあるんだろうか」と、さらに尋ねてみると、「それは簡単だよ」ということで、つぎのような話をしてくれたのです。

「君は喜びを知らないんだ。ものありがたさを知らないんだ。ぼくはそう思う。今の君の境遇は、ぼくから見ればきわめて恵まれている。けれども君は、それをそう恵まれた結構なことだとは考えていないようだ。そればかりか君自身が生きていくために欠かすことのできないもの、たとえば空気といったものが、こうしてふんだんに与えられているということさえもありがたいと感じてはいないと思う。だからそのようなさみしさに陥るのだよ。もしそのことに気づいて、ああ、ありがたいという気持ちになれば、この世の中は非常に楽しいものだということになって、少しぐらい心を煩わすような問題が起こっても、勇気凛々《りんりん》ということになると思うんだがね」

それを聞いて、なるほどと思いました。

改めて友人から言われてみると確かにそのとおりで、自分がおかれている境遇にも、ときおり結構だという思いを感じることはあっても、そう深くありがたいことだとは思っていませんでした。

また、自分が生きていること自体についても、それは空気がふんだんに与えられているからこそで、そのことによって身が保たれているんだといったようなことは考えてもいなかったのです。

そこで考えました。確かに、自分にとって会社の仕事、わが使命も大事である。しかし、もしかりに五分間でも空気を止められたら、いっぺんに死んでしまって仕事どころではなくなる。そのいちばん大事な空気というものが、無限に与えられている。そのことに格別のありがたさも感じないで、目の前の出来事にいちいち心を奪われ、煩わされているようなことではいかん。それはあまりに心が狭く小さな姿だ。

そう考えたとき、なるほどこれはなにもあれこれ煩悶《はんもん》することもないなという気持ちになって、また大いにやらなければ、という気分を取り戻すことができたのです。

実際、私たちは、空気をはじめ、水、太陽など、大自然の限りない恵みを受けています。また、親や兄弟、先輩、同僚などの周囲の人や周囲の物、さらには先祖の遺産といったもののおかげで日々を過ごすことができているわけです。ですから、そういうものに対して、感謝の気持ちをもつことは、人としていわば当然のことであり、忘れてはならない態度だと思います。

ところが、私自身もそうですが、人はとかくこれを忘れがちです。考えてみれば実にありがたいことであるにもかかわらず、そのことに気づかない。そのためにかえって不平や不満をつのらせ、気分を暗くしていることが少なくありません。結局、自分で自分の生活を味気なく、憂鬱なものにしてしまっているわけです。

感謝の心などというと、この忙しい現代には時代遅れの遺物だ、とかたづけられてしまうような傾向も、昨今はなきにしもあらずです。しかしこれは、時代のいかんを問わず、非常に大事なことだと思います。

感謝の心があってはじめて、物を大切にしようという気持ちも謙虚な心も生まれてきます。また生きる喜びやゆとりも生じて、人と接する場合でも、いらざる対立や争いが少なくなるといったことにもなりましょう。

お互いに不安や怒りで心が暗くなったとき、感謝の心を忘れていないか自問自答してみる。そのことも、人生を生きる大切な心得の一つといえるのではないでしょうか。

怖さを知る

〝怖いもの知らず〟ほど危険なことはない。怖さをみずから求めて、それに恐れを感じつつ身を慎んでいくことが大切である。

お互いがよりよい人生を生きるためには、一面において、〝怖さ〟というものを感じつつ日々を送ることが大切ではないかと思います。というと、〝怖さを感ずるというのは臆病《おくびょう》だからで、そんなことでは何もできないではないか〟と考える方がおられるかもしれません。

しかしここでいう怖さとは、そういった臆病であるがために感ずる怖さではなく、もっと積極的な意味での、謙虚な態度に通じる怖さです。たとえば、身近な例をあげると、子どもは親や教師にある種の怖さを感じます。店員は主人が怖いし、社員は社長が怖い。また、会社で最高の地位にいる社長にしても、世間が怖いというように、人はそれぞれに怖いものをもっています。

また、そのように、他人が怖いというだけでなく、自分自身が怖いということもあります。ともすれば怠けがちになる自分の心が怖い。また、他人に対して傲慢《ごうまん》になりがちな自分の性格、あるいは何か事をなすにあたって、自分の勇気のなさ、信念のなさが怖いということもあるでしょう。

そういう、ただ単に犬にかまれるのが怖いといったこととは違った、もっと精神的な意味での怖さというものを常に感ずることが大切ではないかと思うのです。

それはなぜかというと、お互い人間にとっては、もしそういう怖さというものが何もないならば、自分の思うようにふるまうことはできても、考え方が知らず識らずのうちに甘く、尊大になり、結局は自分をダメにしてしまうことが少なくないと思うからです。

あのナチスのヒットラーにしても、怖さを知らなかったがためにみずからの力を過信し、権力をふりかざし、その果てに滅びの門に突入することになったのでしょう。そのようなことを考えると、〝怖いもの知らず〟ということほど危険なことはないように思います。

ですから私たちは、そういう広い意味での怖さというものをみずから求めてでも常に心に抱いて、それに恐れを感じつつ、日々努力を続けていくことが大切だと思います。そうすれば、そこにおのずと謙虚さというか、一種の慎み深さが生まれてくる。また、みずからの行動についていろいろと反省する心のゆとりが生まれてきて、自分のとるべき正しい道はどれかということを的確に判断することもしやすくなる。つまり、そのように怖さを知って謙虚な態度をとりつつ前進への努力をするというところから、人間としての真の実力も養われてくるのだと思うのです。

そしてこのことは、単に個人の人生についてばかりでなく、会社や団体、さらに大きくは国の政治を預かる政府についても、いえることではないかと思います。

団体でも一国の政府でも、怖さを知らないと必ずみずからの力を過信するようになり、そのうちに暴力や権力に頼って事を進めようとします。その結果は、といえば、一時的に権勢を誇ることになったとしても、やがて遠からず、みずから滅びの道へと突き進んでしまう。そういう実例が多いのではないでしょうか。

ですから、お互い個々人はもとより、何人かの人が組織、団体をつくって集団で事を行う場合でも、いわゆる多数の横暴といった姿に陥らないよう、十分に留意する必要があると思います。

最近の世の中を見ていると、個人においても団体においても、どうも、この危険な〝怖さ知らず〟が多すぎる、そんな気がしてなりません。

人情の機微

人の心は理屈では割り切れない。微妙に動く人情の機微を知り、これに即した言動を心がけて、豊かな人間関係を築きたい。

考えてみれば、人の心というものはまことに不思議なものです。〝人情の機微〟という言葉がありますが、ほんの些細《ささい》なことで、うれしくなったり、悲しくなったり、あるいは怒りを感じたり、また、大きくふくらんだり、しぼんでしまったり、微妙に動くのが人の心です。ですから、共同生活の中で気持ちよく生活していくためには、お互いこのことをよく知って、他人の気持ちを考えながらふるまうということがきわめて大切なのではないでしょうか。

以前、このような話を聞いたことがあります。それは、明治政府ができて、初めて所得税というものが設けられたときのことです。

当時、大阪ミナミの宗右衛門町に富田屋という一流のお茶屋がありました。その富田屋にある日、大阪の名高い町人というか、いわゆるお金持ちの人たちが、大阪の税務署から招待されたというのです。

お金持ちたちは、招待とはいうものの、今よりもはるかに強い権力をもっていたお役所からの招きです。いったい何ごとかと不安な気持ちを抱きつつ、かしこまって座敷に座っていました。そこへ出てきたのが、税務署長とおぼしき人物。ところがその人は正面の床の間を背にした席ではなく、いわゆる末席にピタリと座って、「本日わざわざお越しいただいたのはほかでもありません。このたび皆さんの収入に応じて所得税というものを新たに納めていただくことになりました。ついてはよろしく……」とあいさつし、一席ふるまったというのです。

それだけの話なのですが、これを聞いたとき、そこにある種の味わいを感じました。というのは、いわゆる官尊民卑の風潮が強かった当時のことですから、新しい税制をつくるにも、通達を出すなりお役所へ呼びつけて命令しても、それはそれで通るわけです。ところがそういうことはせずに、税務署長みずからが丁重に礼を尽くして趣旨を説明し、協力を求めた。そこに、何かしら人情の機微にふれた心配りといったものが感じられて、心あたたまる気分になったのです。

私は、こうした人情の機微にふれる態度や配慮というものが、お互いの日々の生活においても、やはりきわめて大切ではないかと思います。

人間は、たとえば人から何か頼まれるというような場合、いわば〝利害によって動く〟という面と、〝利害だけでは動かない〟という二つの面をもっていると思います。話をもちかけた人の態度にどこか横柄なところがあったり、高飛車なところが感じられたりすると、それが自分にとってどんなに得になる話であっても、断わってしまうことがあります。反対に、たとえ自分にとって負担がかかり、損になることでも、頼む人の態度が非常にていねいで誠意あふれるものであったなら、ついついその誠意にほだされて、引き受けてしまうこともある。お互い人間には、そうした理屈では割り切れないような微妙な心の働きがあるのではないかと思うのです。

ですから、人にものを一つ頼むにしても、そうした二つの心の働きのアヤというものをよくわきまえて行動することが大切で、そのような人情の機微にふれた行き方をお互いに実践することによって、よりスムーズな人間関係も築かれていくのではないかと思うのです。

お互いにどれほど人情の機微にふれた行動を日々意識して実践しているか、ときにふり返ってみたいものです。

日々の体験を味わう

大成功や大失敗だけが人生における体験ではない。平穏な日々の中でも、心の持ち方いかんでは、大いに体験を積むことができる。

よく「百聞は一見にしかず」といいます。あることやあるものについて、人から百回話を聞くよりも、一回そのものを実際に見たほうがよく分かるというほどの意味でしょう。確かにそのとおりだと思いますが、世の中にはいくらそのものを見たからといっても、その本質を簡単にはつかめないといった場合もあります。

たとえば、塩を見れば、〝ああ、塩というのは白いもので、こんな感じのものなんだ〟ということは分かります。しかし、塩の辛さというものは、いくら頭で考えたり、目で見たりしても分かるものではないでしょう。まず、自分でひと口なめてみる。頭で考えるのではなく、みずから味わってみてはじめて塩というものが分かる。そのように体験を通してはじめてものの本質をつかみ、理解することができるという場合が、世の中には少なくありません。いわば〝百聞百見は一験にしかず〟ということも、ある場合にはいえると思うのです。

先輩とか年長者が尊重されるのも、一つにはやはり長年のあいだにいろいろな体験を重ねており、その体験からくる見識とか判断力とかに、おのずと違うものがあるからだろうと思います。その意味では、年をとっても体験をあまりもっていないということでは、ほんとうに年をとったことにはならないでしょう。

では、体験を積むということは、いったいどのようなことをいうのでしょうか。大きな成功とか、あるいは大きな失敗とか、何か特別な体験をもつことをいうのでしょうか。

確かにそうした体験は貴重なものですし、そこからは多くのことを学ぶことができるでしょう。しかし、そのような大きな体験、特別な体験でなければ体験を積むことにならないのかといえば、決してそうではないと思います。事なくして平穏、安定した日々の中でも、心の持ち方次第で十分体験を積むことができるし、むしろある意味では、そうした日々の体験というものが、きわめて大切ではないかと思うのです。

たとえば、お互いが毎日仕事をしていく上で、〝これはうまくいった〟という場合でも、よく考えてみると〝ちょっと行きすぎでまずかったかな〟とか、〝あれは失敗ではないが、もっとうまい方法があったのではないか〟といったことがいろいろあると思います。そういうものをみずから反省し、味わうならば、それはそれで貴重な体験になる。そのように、小さな成功と小さな失敗とから成り立っている仕事の一つひとつをよく味わっていくならば、一見平穏無事の日々の中でも、さまざまな体験をもつことができ、それらがすべて人生の糧となって生きてくると思うのです。

こうした小さな、目にも見えない平穏無事の中の体験は、いわば心の体験とでもいうべきものでしょう。

かたちに現われた成功や失敗の体験だけでなく、この心の体験を日々重ねていくことが、特に変化の激しい時代に生きる私たちには、きわめて大切なのではないでしょうか。

長所も短所も

自分の長所にうぬぼれてはならない。自分の短所に劣等感をもつ必要もない。長所も短所も天与の個性、持ち味の一面なのである。

お互い人間は神ではありません。ですから、いわゆる完全無欠、全知全能などという人はいるものではありません。だれもが、程度の差こそあれ、長所と短所をあわせもっています。そこで人は、ときにその長所を誇り、短所を嘆いて、優越感にひたったり劣等感に悩んだりします。

しかし考えてみれば、この長所とか短所というもの、それによって深刻に一喜一憂するほどに絶対的なものでしょうか。どうもそうではないような気がします。というのは、お互いの日々の生活においては、長所がかえって短所になり、短所が長所になるようなことが、しばしばあるからです。

事業経営を通じて長年のあいだに接してきた、たくさんの経営者の人たちについても、そういう例をよく見かけます。経営者の中には、知識も豊富で話もうまく、行動力も旺盛《おうせい》といった、いわゆる〝手八丁、口八丁〟といわれる人がいます。そういうすぐれた能力を備えた人が経営者であれば、その会社は間違いなく発展していくようにも思われます。しかし、実際には必ずしもそうでない場合が案外に多いのです。

反対に、一見、特別にこれといったとりえもなく、ごく平凡に見える経営者の会社が、隆々と栄えていることもよくあります。

どうしてそのようなことになるのか、非常に興味があるところですが、それは結局、経営者の長所がかえって短所になり、短所が長所になっているということではないかと思うのです。

すぐれた知識や手腕をもつ人は、何でも自分でできるし知っていますから、仕事を進めるにあたっていちいち部下の意見を聞いたり相談をかけたりということをしない傾向があります。それどころか、せっかく部下が提案をしたような場合でも、「そんなことは分かっている」

と簡単にかたづけてしまうことさえあります。その結果はといえば、部下の人たちがすすんで意見を言わなくなり、ただ〝命《めい》これに従う〟といった姿勢で仕事にあたることになります。それでは各人の自主性も生かされず衆知も集まりませんから、力強い発展が生まれないのは明らかでしょう。

また、そのような経営者には、部下のやっていることがまだるっこしくて仕方がない、自分でやったほうが早いということで、仕事をあまり任せない傾向があります。あるいは、かりに任せても、いちいち細かく口出しをする。

そういうことでは、部下はやる気をなくしてしまいますし、すぐれた人材に育つということも、きわめて少なくなってしまいます。その面でも、会社の発展が妨げられるわけです。

一方、一見平凡に見える経営者の会社が発展するというのは、その反対の姿があるからでしょう。何でも自分で決めたりやったりするのでなく、部下の意見をよく聞き、相談をかけ、仕事を任せる。そのことによって全員の意欲が高まり、衆知も集まって、そこに大きな総合力が生み出される、といった経営を進めているわけです。

このように、長所が短所として働き、短所が長所として生きるということは、企業の経営に限らず、お互いの日々の生活の中にも、ままあるのではないでしょうか。

そういうことを考えるとき、お互いにあまり長所とか短所にこだわる必要はない、という気がするのです。

長所も短所も、人それぞれに異なって与えられている天与の個性、持ち味の一面であると考えられます。それは、お互い人間の小さな目で見れば長所であり短所であって、喜んだり嘆いたりする対象となるものかもしれません。しかし、神のごとき大きな目で見れば、一人ひとりの顔かたちが違うのと同様で、是非善悪以前のものなのではないでしょうか。

もとより、自分に短所があると感じ、それに劣等感を抱く、また長所を自覚して優越感を抱くというのも、人間としての一つの自然の感情だと思います。また、そうした見方に立って、自分の個々の長所をさらに伸ばし、短所の矯正に努めるということも、一面では大切なことだと思います。

しかし、基本的には、長所と短所にあまり一喜一憂することなく、おおらかな気持ちで、自分の持ち味全体を生かしていくよう心がけることが、より大切なことではないかと思うのです。

流されずに聞く

迷ったときには、人に意見を求めてみる。自分をしっかりつかみ、素直な心で耳を傾けていく。そこから確かな人生の歩みが始まる。

私たちは、日々の生活の中で、さまざまな迷いによく直面します。たとえば仕事をしていく場合でも、自分はこの仕事に向いているのだろうかといった基本的な迷いをもつこともあれば、新しい仕事にどう対処していったらいいかというような具体的な悩みにも出会います。

また若い人であれば、将来の進路や結婚問題が悩みの種になることもあるでしょう。そのように、大は一生を左右するほどの決断から、小は日々のこまごまとした選択まで、常にいかにすべきかという迷いが生じてくるのが人生だと思います。

そこで、そうした岐路に立って判断に迷ったとき、その迷いをどう解決するかということが問題になりますが、そういうときには、一つにはやはり、ほかの人に意見を求めてみることだと思います。友人や家族、先生や上司、先輩など、自分をよく知ってくれている人に尋ねてみる。そうすると、そこに具体的な方向がしだいに明らかになってくる場合が多いと思うのです。

私もこれまで、自分で分からないことがあると、できるかぎり他人の意見を求めるよう努めてきました。家内とその弟と三人で、文字どおり家内工業として仕事を始めてから今日まで、たとえば新しい仕事をすべきか否かといったことでも、自分だけでは判断がつかないことがしばしばありました。そんなときには、第三者に事情を説明して、「君ならどう思うか」と尋ねてみたわけです。

そうすると「それは松下君、無理やで」とか、「君の今の力ならやれる。大いにやるべきだ」とか、あるいは「今は時期が悪い」とかいろいろ言ってくれます。そのときに自分がすぐ得心できたら、そのとおりに実行します。しかし、どうももうひとつピンとこないということもあります。そんな場合には、またほかに人を求めてきいてみると、また違った立場からの意見を言ってくれます。そうした意見を参考にして自分なりによく考え、結論を出すようにしてきたのです。

これは、私の一つの体験にすぎませんが、どんな場合でも、意見を求めてみると、「それは君、よく尋ねてくれた。君を見ていて内心こうしたらよいとかねてから思っていたんだ」というようなことを言ってくれる人が、案外多いのではないでしょうか。ですから躊躇《ちゅうちょ》せず、思い切って尋ねてみることだと思います。

ただ、その場合に忘れてならないのは、あくまで自分というものをしっかりつかみ、その上で、素直な心で聞くということでしょう。自分をつかんでいないと、相手の言うことがみな正しく思えて、聞くたびに右往左往するといったことになりかねません。また、私心にとらわれ、素直ならざる心で聞けば、自分の利害や体面などが気になって、自分に都合のいい意見ばかりを求めてしまうことにもなるでしょう。それでは、せっかく聞く意味がなくなってしまいます。

こうした態度は、人に意見を聞く場合だけでなく、本を読んだりテレビを見たりする場合でも、同様に大切なことだと思います。ある一つの行き方を知って、そのとおり自分でやってみても、人それぞれに天分、個性が違うのですから、同じようにはいきません。人には人の行き方があり、自分には自分の行き方がおのずとあるわけで、だから、やはりまず自分の考え、性質を正しくつかんで、その上で他人の行き方を参考としていかなければならないと思うのです。

人間一人の知恵、才覚というものはきわめて頼りないもので、だからこそ、迷ったときはもとより、何ごとにも積極的にほかの人の知恵を借りることが必要です。決して自分のカラに閉じこもっていたり、頑迷であったりしてはならないと思います。しかし、人の意見を聞いてそれに流されてしまってもいけない。聞くべきを聞き、聞くべからざるは聞かない。そのへんがなかなかむずかしいところですが、それができれば、お互いの人生の歩みは、より確かなものになっていくのではないでしょうか。

仕事と運命

何ごとも自分の意志で動く、とだけ考えていると、事があったとき動揺しやすい。自分の意志を超えたものにも目を向けて生きたい。

私は電灯会社に勤めていた二十二歳のとき、電気器具の製造――といっても今日のようなテレビや洗濯機ではなく、小さなソケットにすぎませんでしたが――を思い立ち、自分で仕事を始めました。きわめてささやかな姿ではありましたが、それは明らかに自分の意志で決めたことでした。私自身が、こうしようと決意して、その道を選んだのです。

しかし、あとからふり返って考えてみると、どうもそれだけではなかったような気がします。確かに自分で決意したには違いないものの、そこには、私をしてそう決意せしめる何かがあったと思うのです。

たとえば、当時の社会情勢もその一つでしょう。もし私が、もう二、三十年早く生まれていたとしたら、おそらく電気器具の製造をしようといったことは考えなかったにちがいありません。また、私の健康状態であるとか、おかれていた環境なども、私の決意、選択に大きな影響を与えるものであったと思います。もし私の体が頑健で、両親も健在、兄二人も早くこの世を去ってしまわず元気でいたとしたら、私の選んだ道は、また別のものになっていたとも考えられます。ですから、電気器具をつくろうという私の決意は、単に自分の意志だけによるものではない。そこにはやはり、何か運命的な力が働いていたと思わざるを得ないのです。

人間というものは、どんな時代に生まれあわせても、その時代に応じて活動し、自分を生かしていくことができるものです。しかし、ある特定の仕事をなすということは、やはりその仕事をなすにふさわしい時代に生まれあわせなければ、できないでしょう。人間は、一面では自分の意志で道を求めることができるけれども、反面、自分の意志以外の大きな力の作用によって動かされてもいる。それは否定できない事実です。私は、お互いにこのことをよく知ることが大切だと思います。そうすることによって、そこに非常に力強いものが生まれてくるのではないかと思うのです。

何ごとも、自分の意志だけで動いているのだと思っていると、何か事があった場合に、どうしても動揺しがちです。しかし、自分はもっと大きな力によって動かされているのだと考えれば、そこにあきらめ、というと語弊《ごへい》がありますが、ある種の安心感が生まれてきて、ジタバタ動揺せず、これに素直に従っていこうということにもなってくるでしょう。

もとより、自分の意志、裁量によって是非を判断し、事を進めていくことは大事です。しかし、人間は、時により日によって心が移り、ものの見方、考え方が変わってくるという一面をもっています。したがって、自分の意志だけで一生を動かしていくということであれば、ときに迷いが深まり、不安、動揺が激しくなるということが、往々にして起こってきます。

ですから、自分の意志で歩んでいくことは、それはそれで大事にしつつ、あわせてそれと同じように、あるいはそれ以上に、いい意味でのあきらめというか諦観《ていかん》をもち、与えられた環境に腹をすえて没入していく。そういう生き方をとることができれば、長い人生においてさまざまな問題に直面し、困難に出会ったようなときにも、基本的には大きく動揺せずにすむのではないでしょうか。個々の問題について悩んだり苦労したりすることはあっても、大きく悩み、煩悶し、ついには自分の存在を否定してしまうといったことにはならないように思うのです。私が六十年以上にわたって、いわばこの道一筋に歩んでくることができたのも、一つには、こうした運命観、見方をもっていたからではないかという気がします。

熱意と誠意

知識も大事、知恵も大事、才能も大事。しかし、何よりも大事なのは熱意と誠意である。この二つがあれば、何ごとでもなし遂げられる。

以前、このような話を聞いたことがあります。それは、生命保険とか火災保険とか、保険の勧誘をする人の中で、いちばん多く契約を取る人といちばん少ない人とでは、その契約高に百倍からの開きがあるというのです。

この話を聞いたとき、いささか驚いてしまいました。同じ保険会社に勤務して、まったく同じ条件の〝保険〟というものを売っているのに、なぜそれほどの差が生じるのでしょうか。これにはいろいろ原因が考えられます。たとえば、その人の性格というものも影響するでしょう。あるいは保険に対する知識が豊富なこと、話し方が上手であるといったことも一つの大きな原因になるでしょう。

しかし、よく考えてみると、それだけではとうてい他の人の百倍もの契約が取れるとは思えません。私なりの体験から考えてみますと、これはやはり、その人の仕事に対する心がまえに根本的な原因があるのではないか。つまり、どれだけ熱心かつ誠実に仕事に取り組んでいるかによるのではないでしょうか。熱心かつ誠実に仕事に取り組んでいる人は、常に〝こうしたらどうだろうか〟とか、〝このつぎはこんな方法でお客様に話してみよう〟というように工夫を凝らし、いろいろ効果的な方法を考えます。また同じことを説明するにも、その話し方に、礼をわきまえながらも、自然と熱がこもり、気魄《きはく》があふれます。

もちろん、その熱意と誠意は、保険というものがお客様のためになるものである、お客様のためにお勧めしているのだ、という強い信念がなければ出てこないでしょうが、そのような態度が、お客様の心を打ち、〝同じ保険に入るのなら、この人と契約しよう〟ということになるのではないでしょうか。そういう日々の仕事に対する態度というものが、契約高の百倍という差になって現われてくるのではないかと思ったのです。

私もこれまで、熱意と誠意の大切さを痛感し、自分がこの点において欠けるところがないかということを絶えず自問自答してきました。そして実際、こういうように仕事をしていきたい、従業員とともにこのような会社にしていきたい、といった経営に対する熱意と誠意だけは、だれにも負けないような強いものをもっていたのではないかと思います。ですから、学問もなく、体も弱く、これといったとりえのない私でも、自分よりすぐれた知識、才能をもった部下の人たちに仕事をしてもらい、成果をあげることができたのでしょう。ですから、私はよく言うのです。

「社長というものは、何よりも熱意と誠意だけは、その会社において一番のものをもっていなければならない。社長にそれがあれば、社員もそれに感じて、知識あるものは知識を、技能あるものは技能を、というように、それぞれに自分のもてるものを提供し、働いてくれる」

このことは責任者の立場にある人だけにいえるものではありません。また、仕事の場だけにいえるものでもありません。人生のあらゆる場で、すべての人にとって、何か事をなし遂げようとする場合、熱意と誠意のあるなしが成否を決める一番のカギとなってくると思うのです。極端にいえば、口がきけない人であっても、熱意と誠意に強いものがあれば、きっと筆談をするとか、身ぶり手ぶりをまじえるとか、いろいろと工夫して、事をなしていこうとするでしょう。またそうした態度が人の心を打ち、共感を呼んで、必ず協力者が現われてくる。物事とはそのようにして成っていくものではないでしょうか。

学問を使いこなす力を

学問はあくまで人間にとっての道具である。それを使う自分の主体性を自覚し、学問にとらわれ、ふり回されないようにしたい。

私は、いわゆる学問らしい学問は、まったくといっていいほどせずに育ちました。満九歳、小学校四年生のときに、大阪の商店で奉公を始めましたから、小学校も途中でやめているのです。もちろんそれは、自分でそうしたくてしたのではありません。むしろ学校へ行きたいという気持ちは、人一倍強かったように思います。

今でもよく覚えていますが、私が奉公していた店のすぐ向かいの家に、同じぐらいの年の子どもがいました。毎朝、店の掃除をしているときに、その子が学生服を着て、「行ってきます」と家を出ていきます。その姿をほんとうにうらやましいと思いながら見たものでした。ですから、できることなら私も学校へ行きたかった。けれども、家の事情がそれを許さなかったのです。

しかし、あとになって考えてみると、そのように学問がしたくてもできなかったことが、かえって自分の役に立ったのではないかという気もしています。

それはどういうことかというと、独立して事業を始めてから、だんだんと多くの人たちに社員として働いてもらうようになったのですが、そのときに、それら社員の人たちが、みんな自分より偉く思えたのです。自分は学問をしておらず、あまりものを知りません。それに反して、社員として会社に勤めてくれる人たちは、みな学校を出て学問があり、いろいろな知識をもっています。となれば、私がそういう社員の人たちを自分より偉いと尊敬するのは当然です。

そこで、おのずと社員の人たちの意見に耳を傾けるようになります。そうすると社員の人たちも、私のそういう態度に応じて、それぞれにもっているすぐれた知恵や力を大いに発揮してくれるというわけで、そこには私一人の力ではない、全員の総力を集めた、いわゆる衆知経営というものが生まれてきました。それが会社を着実に発展させる一つの大きな要因になったように思うのです。

もっとも、そうはいっても、それは学問というものがお互いにとって不必要だということでないのはもちろんです。学問が大切なものであることは改めていうまでもありません。これまで多くの先人たちが、さまざまな学問に励んでくれたおかげで、今日の人間社会の進歩発展が実現されてきているわけですし、これからも学問の必要性はますます高まっていくでしょう。

しかし、その必要性が高まれば高まるほど、それにとらわれないようにすることがいっそう大事ではないかと私は思うのです。もし学問が大切だからといって、そのことにとらわれ、学問がなければ何もできないというように考えることがあるならば、それはやはり好ましいことではない。学問があることは大いに結構だが、なくてもかまわない。なくてもそれなりに生きる道はある。そういう柔軟な考え方に立つことが大事なのではないでしょうか。

最近の世の中を見ていると、どうもその点が忘れられているような気がしてなりません。お互いが学問にとらわれ、学問にふり回されている姿が少なくないように思うのです。

学問なりそれを通じて得られる知識なりというものは、あくまでもお互いが生活していくための道具にすぎません。これを適切に使えば、非常に効果的である反面、使い方を誤れば、そこに大きな弊害が生じてきます。場合によっては、学問があるためにかえって自分の身を滅ぼすといったことも起こってきます。

ですから私たちは、学問、知識が道具であることをよく認識して、これにとらわれることなく、正しく生かしていかなければならない。そのためには、自分がその道具を使いこなせるほどに成長しなければならないわけですが、そのへんがどうも十分ではないような気がするのです。

今日では高学歴化が進んで、たくさんの人が上級の学校に進学するようになっているだけに、よけい学問にとらわれないことの大切さ、これを正しく生かすことの大切さを忘れてはならないと思います。

病とつきあう

病気は恐れて遠ざけていれば、あとから追いかけてくる。病気と仲よく親しんで、積極的に近づいていけば、向こうが逃げていく。

健康、それは仕事はもとより何をするにもきわめて大切で、いわば何ものにもかえがたい、だれもがもちたいと願っている宝であるといえましょう。ところが世の中というものは、なかなか思うようにはいきません。現実には、健康を損なって、病の床にいる人が少なくありません。

そのような方々に対して私は、自分なりの体験から、つぎのようなことを申しあげたいと思います。それは、「不安でも病から逃げないように。病を恐れて遠ざけていれば、病はあとから追いかけてきますよ。反対に病を味わい、病と仲よくすれば、しまいには病の方から卒業証書をくれるものです」ということです。なぜこのようなことを言うのかというと、私が幸いにも九十歳の今日まで、なんとかやってくることができたのも、一つにはそのように心がけてきたことによると思うからです。

二十歳前後のころ、私は電灯会社に勤めていました。そのころのある夏のこと、海水浴からの帰り道、なにげなく吐いたタンの中に血が混じっていたのです。さっそく医者に診てもらうと、「あんた、肺尖《はいせん》カタルや。半年ほど会社を休んで、故郷《くに》へ帰って静養することやな」ということです。ところが当時すでに父母はなく、故郷に帰るといっても帰るべき家がありません。しかも、給料は日給で、今のように保険制度もなかったので、休めばたちまち食うに困るというせっぱつまった状態に追いこまれてしまいました。

そこで、もうこうなったら仕方がない、病気になったのも自分に与えられた運命だと度胸を決めて、可能なかぎり養生しようと考えたのです。そして、三日働いては一日休み、一週間出勤しては二日家で休養するというような生活を続けました。ところが、それで病気が進行したかというと、それ以上悪くはならなかった。キチンと養生しなければ死んでしまうかもしれない、と医者が言ったほどの病気でしたが、不思議なことに進行が止まってしまいました。そして、その後も病気の方は一進一退、戦後になってからは、どうしたわけか若いころよりも丈夫になって、今日まで元気でやってくることができたのです。

どうしてこのようなことになったのか。これはやはり、病気になったとき、〝これが運命ならば仕方がない。あまんじて受けよう〟と腹をすえたことがよかったのではないかという気がします。つまり、運命ならばこれに逆らうことはやめて、むしろ、これは天が与えてくれた修練の場だというように、積極的に病気とつきあい、仲よくしていこう、そう考えて努めたことが、いい結果を生んだ一つの要因だと思うのです。

考えてみれば、健康であるにこしたことはありませんが、病にかかったからといって、それが必ずしも人を不幸にするとは限りません。世の中には、病にかかったことによって人間の気持ちというものをよりよく知ることができるようになって、幸せになったという場合もありますし、またその逆に、自分の健康を過信して、不幸になったというような話もあります。

ですから、病になったときに大切なのは、不幸なことだ、悲しいことだ、といたずらに心を乱すのではなく、むしろ、よい修練の場が与えられた、病になってよかった、病さんありがとう、とおおらかな気持ちで、積極的に病と仲よくつきあっていくことではないでしょうか。またそれが、病を治す近道でもあるように思うのです。これはあくまでも、私なりの行き方であって、だれにでもあてはまるものではないかもしれませんが、病にかかったときの対処法の一つとして、ご参考になればと思うのです。

悩みの解消

お互い人間には、本来悩みはないものである。もし悩みがあるとすれば、自分がとらわれた見方をしているからだ。

私たちはだれしも、何らかの悩みをもちつつ日々を過ごしているといってよいと思います。体が弱い、失恋をした、どうも人間関係がうまくいかない、仕事で大きな失敗をした、など、人それぞれにいろいろな悩みがあって、そのために夜も眠れないといったことも少なくないでしょう。なかには、そうした悩みが高じて人生に絶望し、みずから生命を断ってしまうというような不幸な姿もしばしば見られます。そうした不幸な姿に結びつく悩みというものは、なぜ生まれてくるのでしょうか。

もちろんそれぞれの場合に、それぞれなりの事情があっていちがいにはいえないと思います。けれども総じていえば、そうした悩みというものは、物事の一面のみを見て、それにとらわれてしまっているところから生まれている場合が多いのではないでしょうか。

私もどちらかといえば神経質なほうで、これまでいろいろなことで、何度となく悩んできました。というより、毎日が悩み、不安の連続であったように思います。ともすれば他を見て自分の精神を動揺させ、自分の仕事はこれでいいのかと自信を失う。そして不安にとりつかれる。そのような日々をくり返してきたというのが実情ですが、悩みに陥ったときのことを、あとで考えてみると、やはり一つの見方、考え方にかたより、とらわれていることが多かったように思うのです。ただ、そのように日々これ不安という状態ではありましたが、単にそれに終始してしまうということはなかったように思います。もし不安だけに終始していれば、精神的にも肉体的にも参ってしまって、今日の私というものはなかったでしょう。

ではどうしたのか、というと、そのとらわれている見方から離れ、別の考え方に立つことによってその不安、動揺を押しきるというか、乗り越えるよう努めてきたわけです。たとえばその一例として、五十人ばかり人を使うようになったころ、こんなことがありました。

皆よく働いてくれたのですが、その中に一人、ちょっと悪いことをする者がありました。それで、そんな人がいて困ったなと思ったり、その人を辞めさせたものかどうか迷ったり、気がかりで夜眠れないのです。

ところが、あれこれ考えているうちに、ハッと思いつくことがありました。それは、今、日本に悪いことをする人が何人ぐらいいるかということです。法を犯して監獄に入っている人がかりに十万人とすれば、刑法にふれないけれど軽い罪を犯して見のがされている人は、おそらくその五倍も六倍もいるだろう。ところが、そのような人たちは別に日本から追放されてはいない。当時は戦前のことで、天皇陛下は神様のような存在でしたが、その天皇陛下の御徳をもってしても、悪いことをする人を完全になくすことはできない。しかもその人たちを、あまりに悪い者は監獄に隔離するけれど、それほどでもない者はこれを許し、国内にとどめておられる。それが現実の日本の姿である。だとすれば、その中にあって仕事をしている自分が、いい人だけを使って仕事をするというのは、虫がよすぎる。天皇陛下の御徳をもってしてもできないことを、一町工場の主人にすぎない自分がしようと思ってはいけない。

そう考えると、悩みに悩んでいた頭がスーッと楽になりました。そして、その人を許す気になったのです。それから後は、そういう考えに立って大胆に人が使えるようになりました。

こうした体験が、これまで数知れずありました。私の場合、日々の悩みや不安、動揺がきっかけとなって物事を考え直し、それがかえって後々のプラスになることが多かったのです。

考えてみれば、今日のように変転きわまりないめまぐるしい環境の中で、次々に生じてくる新しい事態に直面して、そこに何らの悩みも不安も感じないということはあり得ないと思います。あれこれと思い悩むのが人間本来の姿でしょう。しかし、だからといってただいたずらに不安動揺し、それにおびえてなすところがないということでは困ります。やはりお互いに、日々、悩み、不安を感じつつも、敢然としてこれに取り組み、そこから一つの見方にとらわれずにいろいろな考えを生み出すよう努めていく。そうすればものの見方にはいろいろあって、一見マイナスに見えることにもそれなりのプラスがあるというのが世の常の姿ですから、そこに悩みや不安を抜け出し克服していく道もひらけてきます。つまり、それらが悩みや不安ではなくなって、ことごとく自分の人生の糧として役立つという姿が生まれてくると思うのです。そのようなことから私は、お互い人間には、本来、悩みなどない、と考えるべきではないかと思っています。本来ないものがあるのは、自分がとらわれた見方をしているからだと考えて、みずからを省みることが、悩みの解消のためには最も大切ではないかと思うのです。

続けること、辛抱すること

成功とは成功するまで続けること。辛抱して根気よく努力を続けているうちに、周囲の情勢も変わって、成功への道がひらけてくる。

やることなすことが裏目にばかり出る。懸命に努力しているのに、どうもうまくいかない。そのような状況に陥って頭を悩ますことが、長い人生にはときにあります。

そんなときに大事なのは、やはり志を失わず地道な努力を続けること。およそ物事というものは、すぐにうまくいくということはめったにあるものではない。根気よく辛抱強く、地道な努力をたゆまず続けていくことによって、はじめてそれなりの成果があがるものだという気がします。

私が二十二歳で独立し、自分で考案したソケットの製造販売を始めたときもそうでした。四カ月ほどかかってつくりあげたソケットも、売れたのは当時のお金でたった十円足らず。仕事を続けるどころか、あすの生計をどうするかという状態にまで追いこまれてしまいました。もしそのときに、もうダメだということでその仕事をあきらめてしまっていたら、今日の私も、松下電器という企業もなかったのはいうまでもありません。しかし私は、それが考えに考えぬいたすえに強く決心して始めた仕事だけに、何としてもやめてしまう気になれず、なんとかよりよいソケットをつくれないかと、苦しい生活の中で、改良の努力を続けました。そうこうするうちに年の瀬も迫って、窮状はさらにつのったのですが、そこへ思いもかけず、ソケットの技術を生かして、扇風機の部品の一つである碍盤《がいばん》というものをつくってくれないか、という注文が舞いこんできたのです。そのおかげでどうにか行きづまりが打開できて、事業を軌道に乗せる道がひらけたのでした。

その後も同じような体験を何度もしてきたのですが、結局物事というものは、そのようなかたちで成り立っていくという一面があるのではないでしょうか。つまり、たとえ初めは予期したような成果が十分あがらなくとも、辛抱して根気よく努力を続けているうちに、周囲の情勢が変わったりして、思わぬ成果があがるようになる。あるいはまた、その努力を続ける姿に外部からの共鳴や援助の手が伸びて、成功の道に進むことができる、といったことが多いと思うのです。

そうとすれば、やはり何ごとにおいても、ひとたび志を立てて事を始めた以上は、少々うまくいかないからとか失敗したからといって、簡単にあきらめてしまってはいけない。ときには失敗し、志をくじかれることがあっても、めげることなく辛抱強く、地道な努力を重ねていくことが大切で、そうしてこそはじめて、物事をなし遂げることができるのではないでしょうか。私たちの身のまわりにある失敗というものの中には、成功するまでにあきらめてしまうところにその原因がある場合がきわめて多いように思います。きょうあきらめてしまえば、あすの成功は決してあり得ないのです。

もっとも、いかに辛抱が大事、続けることが大事といっても、何かにとらわれて、いわゆる頑迷に陥るということであってはなりません。一つのものにとらわれるあまり、道にはずれた、自然の理に反するような方向への努力を続けていたのでは、どれほど辛抱強く取り組んだとしても、成果はあがらないでしょう。

しかし、道にかなったことであるかぎりは、ひとたび志を立てた以上、最後の最後まであきらめない。成功とは成功するまで続けることである、ということを、お互い常に心にとどめて、何ごとにも取り組んでいきたいものだと思います。そんなことも、よりよき人生を生きるための、一つの大切な秘訣《ひけつ》といえるのではないでしょうか。

自己観照

自分の適性や力を正しくつかもう。そのためには、自分を、他人と接するような態度で、外から冷静に観察してみることである。

お互いが充実した人生を送るために忘れてならないことの一つとして、自分自身をよく知るというか、自分がもっている特質や適性、力などを正しくつかむ、ということがあると思います。自分を正しくつかめば、うぬぼれることも、卑屈になることもなく、自分の持ち味や力をそのまま発揮することがしやすくなる。そこから人間として好ましい成功の姿といったものも生まれてくると思うのです。

たとえばここに一人、商店のご主人がいるとします。もしその人が、自分の力とか適性とかが分からなければ、自分はこういうことをしてやろうといった信念ももちにくく、とかく人のすることが気にかかります。そして、隣が店を改装したからうちでもやってみようとか、あそこの店ではたくさんの人を雇って成功したからこちらも、といったことになりがちです。そうすると、他の店はうまくいくのに自分の店はうまくいかないということが往々にして起こってきます。それは他の姿にとらわれて、自分の力や適性にそぐわないことをしたり、事の道理を見失ったりするからです。そういうことが重なると、結局は店をつぶしてしまうことにもなりかねません。

ところがそのご主人が、自分というものを正しくしっかりとつかんでいれば、あの店がそうするのなら、うちはこうしようと、自分の店にふさわしい方法がとれて、お店を繁盛させることができると思います。もちろん自分を正しくつかんでいても、それにふさわしい行動をとらなければ、店を繁盛させることはできませんが、自分の力や適性をわきまえていれば、これを実際に生かしていこうと心がけることにもなるでしょうし、そうすればたいていは成功するものだと思うのです。

ところが、天分についての項でも述べましたが、この自分で自分を知るということが、案外にむずかしいのです。自分のことなのだから、自分がいちばんよく知っていていいはずなのに、実際には、自分のよさに十分気づかなかったり、反対に自分の実力を過大評価してみたりといったことがよくあるわけです。

しかし、それがいかにむずかしくても、私たちはやはり、自分を正しくつかむように努めていかなくてはなりません。とすれば、そのためにはどうしたらいいのでしょうか。

これについて私は、これまで〝自己観照〟ということを自分でも心がけ、人にも勧めてきました。それはどういうことかというと、自分で自分を、あたかも他人に接するような態度で外から冷静に観察してみる、ということです。いいかえると、自分の心をいったん自分の外へ出して、その出した心で自分自身を眺めてみるのです。

といっても、実際に自分の心を外へ取り出すといったことは、できることではありません。しかし、あたかも取り出したような心境で、客観的に自分をみつめてみる。それが私のいう自己観照で、これをすれば、比較的正しく自分がつかめるのではないかと思うのです。

昔からよく「山に入る者は山を見ず」といいます。つまり、富士山に登っている人には、あの秀麗な富士山の全体像は見えず、穴ぼこや石ころばかりが目につきます。やはりいったん山から離れて、遠くから眺めてみるときに、全体の姿がはっきりと目に映るわけです。お互いが自分を知ろうという場合も、同じことだと思います。

そして実際、このような自己観照というものは、お互いにあまり意識してはいなくても、日々の生活の中でいろいろやっているのではないでしょうか。たとえば、議論に熱中したり仕事に打ちこんだりしているときに、何かの拍子でハッと気がつき、自分のやっていることを反省したりしります。それは、自分を第三者のように眺めているからこそできることだと思いますが、そういうことを、ときにみずから意識して行うということが大切だと思うのです。

そうすれば、完全にとまではいかなくても、自分の天分、適性や力を、ある程度正しくつかむことができるでしょうし、そこから自分というものを真に生かす道、人間として成功する道も、力強くひらけてくるのではないでしょうか。

無用のものはない

この世に存在するものは、すべて人間の生活に役立つものである。この基本認識に立って、一つひとつのものを生かすように努めたい。

最近の科学技術の進歩はめざましく、これまで考えられなかったような新しいものが、次々と生み出され、つくり出されてきています。このような時代においては、それらを使う立場にある私たち人間の知恵を、これまで以上に磨き高めていかなければならないと思います。

さもないと、科学の進歩、文明の発展によって生まれてきたせっかくのものが、結局は生かしきれない、ということになってしまうおそれが、多分にあると思うのです。

私は、およそこの世の中にあるものは、人間が人間のためにつくったものはもとより、すべてが人間生活に役立つもので、不用なものは一つもない、それが本来の姿ではないかと考えています。

といっても、もちろんそれは、私たち人間が、現在においてすべてのものを活用できている、ということではありません。今日、私たちのまわりには、役に立たない、あるいは害になるということで捨てられているものが少なからずあります。しかし、それらのものも、将来、人間の知恵が一歩一歩高まっていくことによって、一つひとつ役立つものにしていけるのではないかということです。実際、人間の歴史は、自然万物を次々に活用してきた歩みであるともいえるのではないでしょうか。

たとえば、かつて青カビは、人間にとって害になるものと考えられていました。しかし今それは、病気を治すペニシリンという薬として大いに役立っています。

また石炭や石油にしても、昔は黒い石、黒い水といった程度の認識しかされていなかったのでしょうが、時代が進むにつれて、まず石炭がエネルギーとして活用され、次いで石油も大量に使われるようになりました。さらにエネルギー源としてだけではなく、薬やプラスチックなどの化学製品としても幅広く活用されるようになりました。

それは、科学技術が進歩し、人間の知恵が高まったからにほかなりません。

ですから、将来においても、現在は捨てて顧みないようなものが、人間の生活向上のために次々に活用されるようになると思います。そしてそのように、"この世の中のものはすべて役に立つ"という基本認識のもとに、一つでも多くのものをよりよく生かしていくところに、お互い人間の一つの大事な使命がある。また科学技術など学問の存在する意義もあるのではないかと思います。

ところが、このような基本の認識、考え方について、最近はいささか力弱いというか、消極的に過ぎる面があるような気がします。というのは、今日の社会には、せっかくいいものが発明されても、それに万に一つでも欠陥があると、もうそれだけでそのものは全部ダメ、としてしまうような傾向が見られます。万に一つの欠陥であれば、あとの九千九百九十九は何ともないわけですから、その万に一つの欠陥を直せばそれでいいはずなのですが、実際には一つの欠点をもってすべてをよくないとしてしまう。そのために、せっかくのいいものが生かされないという姿が少なくない。これは決して好ましいことではないと思うのです。

冬の味覚の一つとして楽しむ人の多いあのフグにしても、毒があるからと恐れて遠ざけてしまっていたならば、食べることはできなかったでしょう。しかし私たちの先人たちは、どこに毒があり、どのように調理すれば安全かということを積極的に考え、いろいろと研究してきました。そのおかげで、私たちは今日、安心してフグのおいしさを味わうことができているわけです。

また、フグの毒自体も、今は捨てられていても、やがては何かに活用されることになるかもしれません。現に、医療方面で研究がされているとのことですが、その研究が成功すれば、フグはおいしくて貴重だが、その毒はそれ以上に有用だということにもなるでしょう。

そのようなことを考えてみると、科学技術が刻々に進歩しつつある今日、私たちは、フグの安全な調理に成功した昔の人たち以上に、この世に無用のものはないという認識を強くもち、すべてのものの活用を積極的にはかっていかなければならないと思います。

日々の生活の中で、お互いの知恵をさらに養い高めつつ、ものを真に生かすよう努めていく。それが人間としての大事な務めの一つではないでしょうか。

物を泣かさず

それぞれの物がもっている価値を正しく認識し、その価値に応じた適切な処遇をしていく。そこにその物を真に生かす道がある。

前項で、この世に存在するものはすべて、人間の生活に役立つと考えられる、したがって、この基本認識に立って、一つひとつの物をできるかぎり生かすよう努めたい、ということを述べました。

それでは、それぞれの物を生かすためには、具体的にどのような心がまえが必要なのでしょうか。物を生かすコツとでもいったものがあるのでしょうか。

そのことに関連して、しばらく前に面白いなと感じた話がありま す。それは坂田三吉という人についての話です。

この人についてはご存じの方が多いと思いますが、明治の初めに大阪の堺市に生まれ、生涯読み書きができなかったにもかかわらず、独学で八段まで上り、没後に名人位、王将位などを追贈されたという将棋の達人です。

その坂田三吉の一生をテーマにした『王将』という劇の中に、主人公が将棋を指しながら、十分な働きができないでいる一枚の銀の駒を見て「銀が泣いている」とつぶやくシーンがあるというのです。それを聞いて私は、なるほど名人といわれる人の言うことは違うな、と非常に興味をひかれたのです。

いうまでもなく将棋というものは、一定のルールに従いつつ、一つひとつの駒を動かしながら相手の王様を詰ませていくゲームです。ですから、将棋に勝つためには、それぞれの駒の持ち味や特徴というものをよく知り、それをできるだけ発揮させていくことが必要で、そのことをいつの場合にも確実にできる人が、いわゆる名人、上手といわれるのだと思います。

おそらく、坂田三吉という人も、対局のたびにそのことに心血を注いでいたのでしょう。だからこそ、将棋盤の上で、その持ち味を生かされずにいる銀の駒が、あたかもそういう状態を悲しんで泣いているように見えたのではないでしょうか。

つまり、「銀が泣いている」というこの言葉は、生かしきれないでいる銀をどうすれば生かせるのか、その方法をなんとかして見出さなければ、という三吉の真剣な思いからおのずと出てきたもので、そのとき三吉には、ほんとうに駒が自分に語りかけ、切々と訴えかけているように見えたのではないか。そのように私には思えるのです。

もちろん、私の将棋の腕前は、単に駒の動かし方を知っている程度にすぎません。ですから、坂田三吉のような達人の言葉を勝手に解釈するのは、まことにおそれおおいことだと思います。

しかし、これまでの私の体験に照らして考えてみると、この解釈は必ずしも間違っていないのではないか、そして、三吉がそのような真剣な思い、願いをもって、もの言わぬ駒に対したと同様の態度をもつということが、将棋に限らず私たちの日々の生活のいろいろな面でも必要なのではないか、という気がするのです。

というのは、私がこれまで自分の仕事を続けてきた過程でも、新しくつくった試作品などが、私に何ごとかを語りかけ、訴えかけていると感じたことが少なからずあったのです。それはいずれも、心底、真剣に仕事に打ちこんでいるときで、そういうもの言わぬ品物の声が聞こえてきた、というような場合には、おおむねその試作品を、ほんとうにいい商品にしあげることができたように思うのです。

この世の中にあるすべてのものは、将棋の駒と同じように、それぞれに独自の持ち味や特質をもって、私たちの生活に役立とうと待機していると考えられます。私たちは、それぞれがもっているその特質、価値というものを正しく認識し、その価値に応じて、不足もせず、行きすぎることもない適切な処遇をしていく。そしてその物をほんとうに生かしていくことが大切だと思います。そうしてこそ、お互いの生活のいっそうの向上もはかれるのではないでしょうか。

物を泣かさないために、お互い坂田三吉のような真剣さをもって物に対し、その物を生かしきっていく努力を、日々心がけたいものだと思います。

年齢と持ち味

人間はそれぞれ、その年齢によって発揮する持ち味が違う。お互いにその違いを尊重しあい、それぞれの持ち味を生かしていきたい。

六十歳を過ぎるころから私も、どことはなしに疲れやすくなって、体力の衰えというものを感じることが多くなりました。それ以来、自分ではまだまだ元気なつもりでいても、やはり年には勝てんな、と思いつつ、折々に考えてきたことがあります。

それは、いったい人間というものは、年とともにどう変わっていくのだろうかということです。

まず体力はどうかといえば、体力がいちばん盛んなのは、十代の後半から二十代にかけてと考えられます。それはもちろん私の勝手な独断ですが、だいたい三十歳にもなると、もう下り坂になっているような気がします。

たとえば大相撲《おおずもう》の世界でも、三十までに横綱になっていなければ、それからではちょっと無理だ、ということがいわれていますし、また若くして横綱になったとしても、三十歳を過ぎると、その地位を保つのがむずかしくなってくるようです。ですから、体力は一応三十歳がピークだといってよいと思うのです。

それでは知力の方はどうか。これも私の勝手な判断ですが、知力は三十歳が一番のピークとはいえない。では、何歳ぐらいがいちばん旺盛かというと、おおむね四十歳といったところではないでしょうか。

四十歳を過ぎると、知力はだんだんと衰えてくる、というのがお互い人間の一般的な姿ではないかと思うのです。もちろん人にはそれぞれ個人差がありますから、例外もあるでしょうが、一応のところはそう考えていいだろうと思われます。

ところで、三十を過ぎると体力が衰えはじめ、四十を過ぎると知力が衰えてくるということであれば、人間は四十を超えると、世の中でその地位を保つことも、仕事をしていくこともできなくなるのかというと、そうではありません。むしろ、さらに高い地位につき、よりすばらしい仕事をしていく人が多いのが実際の姿でしょう。

そこで、なぜそういうことが可能なのかをさらに考えてみますと、いわゆる社会的な構成によるところが大きいように思われます。その人が先輩であるとか、経験が豊かであるとかいうようなことから、若い人を中心とした多くの人から支持される、あるいは敬意を表されるというようなことが生じてきて、それがその人をより高い地位に押し上げ、より大きな仕事をさせているのではないかということです。

実際、五十歳、六十歳になっても、相当の知力を要する仕事に携わって、成果をあげておられる方も少なくありませんが、それはやはり若い人たちの総合的な援助というか、協力を得ているからこそ、可能になっていることでしょう。まったくの裸にして、知力の秤《はかり》、体力の秤にかけてみると、六十歳の人は四十歳、三十歳の人に劣るのではないかと私は思うのです。

そこが世の中のたいへん面白いところで、相撲のように個人の総合的な力というものが、はっきりとは現われないところに、非常な妙味、面白味があるわけです。ですからお互いの人生においては、こうしたことの認識がやはりきわめて大切だと思います。

たとえば、五十、六十になって、なおかつ社長という責任ある地位にあり、その仕事を遂行して立派に成果をあげておられる方でも、これはその人一人だけの力で、そういう姿を生み出しているのではない。やはり、その人の部下というか、三十歳、四十歳の、周囲の人たちの協力があり、その上にみずからの経験を働かせているからこそできているのだ、ということをよく知らなければなりません。

また、三十、四十の人たちも、自分たちのもてる力がより生かされるのは、先輩たちの豊かな経験に導かれているからだということをよく知る。加えて、やがては自分たちも年をとり、将来は自分たちもこの先輩たちと同様の立場に立つのだということを考えて、その経験を学んでいこうという姿勢をもつことが大切だと思います。

このように、豊かな経験、旺盛な知力、体力というように、それぞれが発揮する持ち味は年齢によって違いますが、老いも若きも、その年齢による違いを尊重しあい、それぞれを生かしあっていく。そういうところから、より力強い社会の働きというものも生み出されてくるのではないかと思うのです。

女性と仕事

男女にはそれぞれ異なる特質、役割がある。その違いを正しく知り、それぞれに本来の役割を果たすところに、真の平等がある。

最近はよく、男女の平等といったことがいわれ、昔に比べて職業をもつ女性が増えてきました。そうした姿は非常に意義のあることで大いに結構なことだと思います。

ただ私は、この平等ということは、男女の平等に限らず、だれもが何もかも同じということではないと思います。人にはだれにも、他人とは異なった独自の天分、特質が、それぞれに与えられ備わっていますが、平等ということは、独自の特質がだれにも同じように与えられているという意味で平等なのであって、与えられている特質がみな同じということでは決してない。ですから、男女の平等といっても、それは男と女が、何もかも同じように考え、行動するべきだ、というのではなく、それぞれの特質、役割が男女ともに十分発揮されるようにしていく、ということでなければならないと思うのです。

実際、男性と女性の特質、役割には、おのずと異なったものがあると考えられます。それは、お互い人間の日常生活の姿からも明らかでしょう。

人はだれでも、男性にせよ、女性にせよ、生涯一人で暮らすのが本来の姿かといえば、そうではないと思います。何らかの考えから、自分は生涯独身で過ごすという人も、なかにはあるでしょうが、それはどちらかといえば例外で、一般には男女が一対となり夫婦として暮らすのが普通の姿であり、それが人間本来の姿でもあるのではないでしょうか。

そうとすれば、その夫婦のあいだで、出産、育児という役割を果たす天与の特質をもっている女性と、そうでない男性とでは、その役割はおのずと異なってくるでしょう。つまり、主として男性は外に出て働き、女性は家を守り治めるという役割を担うことになります。そのようにして夫婦が一体となり、健全な家庭を築いていくことが、社会全体の発展をも支える人間本来のあり方ではないかと思うのです。

ところが、過去の日本においては、いわゆる男尊女卑的な考え方があって、そこからなにか外に出て働くことを尊び、家を守り治めることを軽視するような風潮が、一面に見られました。しかしこれは大きな間違いだと思います。外で働くか内で働くかは、どちらかを重視し、どちらかを軽視すべきものではなく、両方がともに同じように尊いわけです。

もちろん男女の役割分担については、双方が同じ役割を果たし、同じように仕事を分担すべしという考え方も成り立ちましょう。しかし、現実の問題としては、出産とか授乳といったことは男性にはできませんし、もし女性に、出産、育児といった役割に加えて、男性と同じ役割をも担わせるとしたら、それはきわめて過重な負担を強いることになってしまいます。

ですから、やはり男女は、本来、異なった役割を負っており、その役割はどちらも同じように尊いのだと考えるのが、自然で素直な考え方ではないかと思います。また、そういう考え方を基本において、それぞれの役割に生きていくところに、真の幸せというものもあるのではないでしょうか。

しかしそれは、女性は外で働くべきではない、ということでないのはいうまでもありません。初めにも述べたように、職業をもつ女性が増えてきていることは、非常に意義のあることだと思います。最近は、社会が進歩し多様化するに伴って、女性に適した仕事、また女性でなければできない仕事もいろいろ生まれてきています。そういう仕事は、それにふさわしい女性にやってもらうことが、女性の特質を生かすためにも、社会のためにも大事だと思います。また、女性が実社会を知るという意味から、結婚までの一時期、社会に出て職業をもつことも、それなりの意義があり、好ましいことでしょう。

ですから、これからも、女性が社会に出て職業につくことは大いに結構なことだと思うのですが、そこにはやはり、人々が女性本来の役割を正しく知って、これを適正に評価するという姿がなければなりません。女性は本来、家庭にあって家を守るということが大切で、そのことの意義と重要性が、社会全体としてもっと適正に認識され、高く評価される必要がある。そういうことを前提として、女性の社会進出が進められていくべきだと思うのです。

そういうことが、真の男女平等ということにも通じているのではないかと思うのですが、どうでしょうか。

親の責任

親がしっかりとした生きる姿勢をもつこと、人生観を確立すること。
そこから、子どもに対しての十分な説得力も生まれてくる。

〝親になるのはやさしいが、親であることはむずかしい〟という言葉を聞いたことがあります。どなたが言い出されたのか知りませんが、確かにそのとおりの一面があると思います。そして、その親としてむずかしいことの最たるものが、子どものしつけ、教育というものではないでしょうか。

昔から「三つ子の魂百まで」とか、「鉄は熱いうちに打て」とかいわれますが、お互い人間が一人前の立派な人間として成長していくためには、生まれてからおとなになるまでに、人間として大切なことを、しっかりしつけられ教えられるということが、どうしても必要です。人間としての生き方というものは、だれからも導かれずして自然に養われるというものではありません。かつて、インドのジャングルで赤子のときから狼《おおかみ》に育てられた少女が発見され話題になったことがありましたが、少女は狼のようにほえるだけで、もはや人間の生活には戻れなかったといいます。どのような偉人であろうと、やはり子どものうちに、人間としての正しい方向づけがなされる必要があるわけです。

そうした子どもたちに対する方向づけというものは、広くは、その時々に生きるおとな全体が果たすべき役割であり責任であるといえましょう。しかし、直接的にはやはり、日々子どもに接している親が、いちばん大きな責任を担っています。したがって親であるかぎりは、この責任を子どもに対するしつけ、教育というかたちで、どうしても果たしていかなければなりませんが、これがなかなかむずかしい。そのために、昔の商家などでは、自分の子を他のしかるべき店に預けて教育してもらうといったことがよく行われたわけです。

私自身も、一人の父親として、その役割を担う立場にあったのですが、ふり返ってみると、自分の事業なり仕事に専心してきた結果、子どものしつけ、教育についてはすべて家内に任せきりだったというのが正直なところです。したがって、子どものしつけ、教育についてあれこれ言う資格はないように感じますが、自分なりに一つきわめて大事だと考えていることをあえて述べてみたいと思います。

それは親自身が一つの人生観なり社会観というものをしっかりもつということです。

私は、親が直接的に子どもに「こうしなさい」「こうしたらいけない」といったように教えたりしつけたりすることはきわめて大切だと思います。しかし、それとともに、あるいはそれ以上に必要なのが、このことだと思うのです。親にそういうものがあれば、それが信念となって、知らず識らずのうちにその言動に現われ、それが子どもに対する無言の教育になっていくでしょう。そういうものをもたずして、いくら口先だけで、「ああしなさい、こうしなさい」と言ったとしても、それは、何も言わないよりはいいにしても、十分な効果があがるかどうかは疑問だという感じがするのです。

ですから、親となった以上は、その良否はむろんあるにしても、何らかの人生観、社会観をみずから求め、生み出さなくてはいけないと思います。

そのことは、もちろん、父親、母親のどちらについてもいえると思いますが、やはり、どちらにより必要性が強いかといえば、父親の方ではないでしょうか。最近の父親は、私の場合と同様、子どもに接する機会が少ない人が多いようですが、そういう場合でも、父親に人生についてのそれなりの信念があれば、母親もそれに準じたものをもつようになってくると思います。しかし、父親に確たる信念がないと、母親にもそれが生まれにくい。それでは単なる感情的な愛情によって子どもを育てるといった面が強くなるでしょう。もちろん、母親としてそういった愛情も大事でしょうが、それだけでは子どもも教えられるところが少ないため、欲望が善導されないままに成長してしまうということになりやすいと思います。

昨今の世の中を見ていますと、どうも、この人生観に弱いものがあり、親自身が迷っている。そこに青少年の好ましからざる姿が起こる一因もあるように思えてなりません。

価値観多様化の時代といわれ、それぞれの人生観を確立しにくい時代ではあっても、やはり親自身が日々、みずからの生き方を求め、生み出していかなければならない。そこに、子どもをしつけ、教育するという、親としての責任を果たす出発点がある。またそこに、親みずからもよりよく生きる道があると思うのです。

人生を生ききる

今という時は、その瞬間しかない。その一瞬一瞬をせいいっぱい生きる積み重ねが、充実した人生をつくり、若さを生み出すのである。

今からもう十数年も前になるでしょうか、あるご縁で、彫刻家の平《ひら》櫛田中《くしでんちゅう》さんにお目にかかる機会に恵まれたことがありました。

平櫛さんは明治五年生まれ、明治、大正、昭和の三代にわたってわが国木彫界の第一人者として活躍された方で、お会いしたときはもうすでに百歳近く、私も七十半ばを過ぎていたと思います。そのとき平櫛さんがこんなことを言われるのです。

「松下さん、六十、七十は鼻たれ小僧、男盛りは百からですよ。だからわしもこれからですよ」

平櫛さんも私も、常識的に見れば、隠居をしていてもおかしくない年齢だったわけですが、こう言われる平櫛さんに〝まあ、ずいぶん気持ちの若い人だなあ〟と、驚きもし感心もしたのです。聞くところによると、これは平櫛さんのいわば口ぐせで、このほかにも「今やらねばいつできる。おれがやらねばだれがやる」というような言葉を好んでおられたそうです。

ところがそれから数年後、平櫛さんが満百歳になられたとき、ふとしたことから、平櫛さんが向こう五十年分の木彫用の木材を庭に積んでおられるということを知りました。

初めてお目にかかったときに、〝ずいぶん気持ちの若い人だなあ〟ということは感じていたものの、百歳を超えてなお五十年分の木彫用木材を積んで作品制作への意欲をもち続けておられるということからすると、「男盛りは百から」と言われたのも、口先だけのことではない。やはりほんとうに自分の芸術を完成させるには、あと五十年間は木を彫り続けなければならないのだという、執念ともいえる強い思い、熱意をもっておられるのだなということを改めて感じさせられたのでした。

実際、平櫛さんは百歳を超えてからも創作活動に励まれたわけです

が、平櫛さんが満百二歳のときに、月刊誌『PHP』に短い文章を寄せていただいたことがあり、その中でも、

「もう少し長生きしないと、私の義務が果たせない作品があるのです。五、六点、いやずっとせばめても四点はつくらなければなりません。

最近この四点以外に一つまとめてみましたが、それには手こずりました。三年かかりましたが往生しました。苦しんで苦しんで、そして私の修業がウソだったということを痛感しました。習い始めの時分、五年なり十年なりは、どんなことがあっても、そのものを木に移すことを根本にしなければなりません。それが私にはできていなかったのです。いわば器用にやっていたのです」

と、言われているのです。

私はこの文章を拝見し、非常に胸打たれるとともに、大きな励ましを受けたように感じました。

というのも、二十二歳も年長の平櫛さんが、百歳を超えてなおみずからの仕事に旺盛なる意欲で取り組んでおられるばかりでなく、自分の修業のいたらなさを反省し、さらに木彫の道を極めていこうとしておられる。その真剣な姿がこの文章からひしひしと伝わってきたからです。

平櫛さんは、残念なことに昭和五十四年十月二日、百八歳の誕生日を目前に、五十年分の木材を使いきることなく亡くなられました。しかし、木材は残したとはいえ、最後の最後まで仕事への情熱、意欲をもち続けられたことからすれば、立派にみずからの人生を生ききった人、生命を燃焼し尽くした人といってよいのではないでしょうか。

考えてみれば、百歳を超えてもあれだけお元気で若々しかったのは、自分のなすべきことに向かって、「今やらねばいつできる。おれがやらねばだれがやる」と、今という一瞬一瞬をせいいっぱい生きておられたからだという気がするのです。

お互いだれでも、自分の生命がいつ尽きるか、それは分かりません。しかし、その最後の瞬間まで、なすべきことをなしつつ生きたいとの願いをもっていると思います。しかし、それを実際の人生において現実のものとしていくことは、なかなか容易なことではありません。私自身も九十歳を目前にして、そのことのむずかしさをときおり感じていますが、そんなお互いにとって、平櫛さんの生き方は、大きな得がたい励ましを与えてくれるものといえるのではないでしょうか。

〝生きがい〟ということ

仕事は人生において非常に重要な位置を占めている。その仕事に生きがいを見出せるか、そこに幸せな人生へのカギが隠されている。

人間としてこの世に生を享《う》けた以上、やはり生きがいの感じられる人生を送りたい、というのがお互いだれしもの願いでしょう。これといった生きがいももたず、ただなんとなく毎日を過ごすということでは、決して幸せな人生とはいえないと思います。それでは、その生きがいをどういうところに求めるかということになりますが、これは現実にはいろいろな姿があるでしょう。ある人は趣味とかスポーツが生きがいだというかもしれません。あるいは、自分の生きがいは家庭であるとか、子どもの成長だという人もあるでしょう。また、お金をためることだとか、おいしいものを食べることを最大の生きがいにする、という人もあると思います。

生きがいというものは、そのように人それぞれにいろいろあると思いますし、またいろいろあっていいと思います。

ところで、これまでの私の生きがいは何だったのだろうかと考えてみますと、その時々でいろいろに変わってきているように思います。

満九歳の年に家の事情で大阪へ奉公に出た私は、数年間いわゆる小僧としての経験を積みました。奉公に出た初めのうちは、故郷の母親恋しさに毎晩枕を涙でぬらすというような姿でしたが、だんだん仕事にも慣れてくると、いずれは自分もせめて番頭さんにはなって、たとえ五、六人でも小僧さんを指導して、何らかの成果を生み出すようになりたいといったことを夢見、朝早くから夜遅くまで、時のたつのも忘れ、汗水たらして働くようになりました。

当時は、〝生きがい〟などということはあまりいわれてはいないようでしたし、また私自身幼く、特に考えたり、意識したことはありませんでしたが、今にして思えば、そのように多少なりとも心に期するものをもって仕事に打ちこむ中に、満足感を味わっていたわけで、それはそれなりに、一つの生きがいを感じていた姿であったといえるでしよう。

その後、電灯会社に勤め、配線工としての仕事に携わりましたが、そのときはそのときで、職工として腕を磨いていい仕事をしたい、そしてみんなから重んじられるようになりたいということで、一生懸命努力しました。そして、いろいろなむずかしい工事に取り組み、ときには徹夜までもしてやり遂げていくところに大きな喜びを感じたものでした。

それから、二十二歳のときに独立し、ごくささやかながら、電気器具製造の事業を興しました。事業を始めた当初は無我夢中で、その日その日を誠実にせいいっぱい働きました。そうした中で、夏の日に夜遅く仕事を終えてタライにお湯を入れ行水《ぎょうずい》をつかいながら、〝われながら、ほんとうにきょうはよく働いたな〟と自分で自分をほめたいような充実感を味わったことを今でも覚えています。

また、会社が大きくなってからは、会社の仕事を通じて人々の文化生活を高め、社会の発展に寄与、貢献していくことを使命とし、それを社員の人とともに達成していくところに自分の生きがいを感じつつやってきました。

このように私の生きがいというものは、決して終始一貫して同じだったというわけではなく、その時々でいろいろ変わってきました。しかし、私はそれはそれでよかったのではないかと考えています。

世の中には、一生を通じて一つのことに打ちこみ、そこに生きがいを求め続ける人もいます。宗教家や芸術家といった人たちの多くはそうだといえるでしょう。それは非常に立派な姿だと思います。しかし、すべての人がそうでなければいけないというわけではない。ある時期にある一つのことに生きがいを見出し、それがすむと、また新たにつぎの生きがいを求めるということも、それはそれで意義のあることだと思うのです。

しかし、ここで一つ考えてみたいのは、仕事というものについてです。いうまでもなく仕事は、お互いの人生において、時間的にも経済的にもきわめて重要な位置を占めています。そうしてみると、生きがいは多様であってもいいとはいうものの、自分の仕事に生きがいが感じられるかどうかということは、お互いの人生において、場合によっては、その幸不幸を左右するほどの大きな意味をもっていると考えられます。

したがって、趣味を楽しむことも、家庭を大切にすることも、その他いろいろな面で生活内容を多彩にしていくことも、それぞれに意義深く大切なことだとは思いますが、その中心にというか、その根底に、仕事に打ちこみ、仕事に喜びと生きがいを感じられるということがやはりなければならないような気がします。むろん、仕事だけが生きがいであるべきだ、などとは考えませんが、少なくとも仕事も一つの大きな生きがいである、というようになることが、お互いの人生をより充実した幸せなものにしていく上で望ましいことではないかと思うのです。

よき人生とは

人生とは生産と消費の営みである。日々、物心ともによき生産とよき消費を心がけることが、充実した人生に結びつく。

私たちが今生きている人生は、それぞれに自分だけにしか歩めない、また二度とくり返すことのできない貴重なものです。それだけに、これをより意義深いものにしたいというのがだれしもの願いだと思いますが、その実現のためには、やはりまず、人生とはどういうものか、ということについての正しい認識が必要でしょう。人生とは何かということが、ある程度はっきりつかめてこそ、よりよき人生をめざす努力も具体的で力強いものになり、実際の成果もあがってくると思うのです。

この〝人生とは何か〟ということについて、ＰＨＰの研究を始めてまもないころに、あれこれと考えたことがありました。

人生というと一般には、いわゆる人間の一生、つまり生まれてから死ぬまでのあいだのことと受け取られていますが、それは細かく見れば、一日一日、一刻一刻の日常生活の積み重ねであるとも考えられます。したがって、私たちの日常生活をありのままによく考察するならば、それによっても人生の何たるかをつかむことができるでしょう。

そこで私は、そういう観点からいろいろ検討した結果、人生とは、ということについて、自分なりにつぎのように考えてみたのです。それはごく端的にいうと、〝人生とは、生産と消費の営みである〟ということでした。

ふつう生産と消費といえば、経済活動の一面と考えられていますが、ここでいう生産と消費とは、単に物を生産し消費するということではありません。もっと広く、人間の心の営み、精神的な活動をも含んだ、物心両面にわたる生産であり消費のことですが、そういうものが人間の日常生活の基本であり、またお互いの人生そのものではないか、と考えたのです。

あれからもう三十年以上がたちますが、私のこの考え方は今も変わりません。実際、私たちの人生は、生産と消費以外の何ものでもないのではないでしょうか。

というのは、私たちは毎日、一方でいろいろな物資を生産し、同時に他方でさまざまな物資を消費しています。そしてその物資の生産と消費にあたっては、必ず何らかのかたちでみずからの心を働かせています。物をつくるにしても、まずどういうものをどのようにつくるかを心に描きますし、その上でいろいろの創意工夫を重ねます。これは精神面での生産活動といえましょう。また物を使い、費やす場合も、その価値をはかり、味わうというような精神面での消費活動を、常に伴っています。したがって、お互い人間の日常生活、さらにはその積み重ねである人生は、すべて物心両面にわたる生産と消費の営みから成り立っている、ということができると思うのです。

そう考えれば、私たちが、よき人生、意義ある人生を送るためには、その物心両面の生産と消費とを、きのうよりきょう、きょうよりあすへと、好ましい姿で実践していくことが大切、ということになります。すなわち、政治家であれば政治活動の上で、教育者であれば教育活動の上で、といったように、それぞれの人がそれぞれの分野で、よき生産とよき消費を心がけ、実践していくということです。

そうすれば、社会全体に好ましい発展、向上の姿が生まれてくるでしょう。また、それぞれの人についても、よりよき人生、悔いのない意義ある人生への道がひらけてくるのではないでしょうか。

人生の意義とか目的というと、お互いにとかく高尚でむずかしいものと考えがちです。しかし、人生というものを、これまで述べてきたように、日々の活動を通じての物心ともの生産と消費の営みであると考え、それをよりよきものにしていくことがよき人生への道であると考えるならば、それがずいぶん身近なものになってくるのではないでしょうか。

少なくとも私の場合は、きょう一日の自分の活動が、よき生産でありよき消費であったかを省みることが、私なりの人生の充実ということにつながっていた気がするのです。

天寿を全うする

希望と勇気をもって、一生懸命に人生の歩みを続け、みずからに与えられた天寿をせいいっぱい生かしきりたい。

私は今年、九十歳になります。

生来、どちらかといえば蒲柳《ほりゆう》の質《たち》で、電灯会社に勤めていた二十歳のころに肺尖カタルを患い、その後独立して自分で仕事を始めてからも寝たり起きたり、医者の手を煩わすことが多かった私は、自分でもそう長生きできるとは思っていませんでした。ところが戦中、戦後の無我夢中で働かざるを得ない時期を経て、いつのまにか寝こむことも少なくなり、驚くほど健康体になった。そして九十歳の今日も元気であれこれの仕事ができているのです。思えばほんとうにありがたいことと感謝のほかありません。これはやはり、私がそういう寿命に恵まれていたというか、そういう運命のもとにあったということでしょう。

それにつけても思い出すのは今から三十四、五年前、五十五、六歳のころのことです。ある人に勧められて易者に手相を見てもらったことがありました。当時は、敗戦直後の混乱が多少落ちつきつつあったとはいえ、なお厳しい社会情勢でしたし、その中で私自身も、会社の再建をはかろうにも占領軍のいろいろな制約があって思うにまかせず、あれこれと思い悩むことの多い日々でした。そんなときであったからでしょうか、人に勧められるままにその気になって、〝当たるも八卦《はっけ》、当たらぬも八卦〟といわれる手相を、同時に三人の易者に見てもらったのです。

すると、そのうちの一人が、私の手相を見るなり即座に「あなたは長生きする。とにかく長生きできる」と太鼓判を押してくれました。またつぎに見てもらった人も「あなたは七十や八十で死ぬ人ではない」と、明言してくれます。さらに残った一人も「今まであなたのような手相の人を見たことがない。これは長生きしますよ」ということで、いうなれば三者三様に、私が長生きできるということを保証してくれたのです。

さきに述べたように、当時の私は、若いころに比べるとかえって丈夫になったようだと感じてはいたものの、その易者の人たちの言葉は実に意外で、喜ぶよりあきれるという気持ちのほうが強かったように思います。そういう予言を得たことは、うれしいことには違いないけれども、どうも信じがたいという気がしたのです。

ところが、そのとき、二、三の友人が私と一緒に手相を見てもらったのですが、その人たちにはみな、いわくがつくというか、注文がつきました。そのことを易者の人たちは、私の手相を例にとって説明しているのです。「あなたは、ここが松下さんのようになっていないから」とか、「このへんが松下さんと比べてよくない」とかいった具合です。

そして驚くべきことに、その後、このときにいわくをつけられた友人たちは、みな私より先に亡くなってしまったのです。私自身は、特に手相というものを信じるわけではありませんが、そういう友人の死というものを聞くたびに、一種複雑な感慨を覚え、なんとなく易者の人たちの言葉を信じたいという気になったものでした。

そんなこともあって私は、自分が今日まで長生きできたのは、そういう寿命に恵まれていたおかげだと感謝する気持ちが強いのですが、この人間の寿命というものは、やはり基本的には人知を超えたもので、自分が何歳まで生きられるかは、だれも分からないものだと思います。その意味で、人間の寿命は、いわゆる天命であり天寿であるということになりましょう。

しかし、だからといって、寿命というものは全面的に天寿や天命によって決まるのかというと、必ずしもそれだけではないようにも思います。そこにはある程度、人間の力というか努力によって決まる一面も含まれているのではないでしょうか。いうなれば、人命、人寿とでもいった部分も、寿命の中には含まれているように思うのです。

運命に関する項で述べましたが、私は、お互いの人生は、八〇パーセントないし九〇パーセントまでは天の摂理によって定まっているのではないかと思います。しかし、あとの一〇なり二〇パーセントの人事の尽くし方いかんによって、その運命にいっそうの光彩を加えることができる、そう考えるのですが、お互いの寿命についても同様のことがいえるのではないでしょうか。つまり、人間の寿命のうち、九〇パーセントぐらいが天寿、あとの一〇パーセント程度が人寿で、したがって、ある程度は人為によって寿命が伸びたり縮んだりする一面があるのではないか、ということです。

そうとするならば、人間に与えられている天寿というものはどのぐらいか、ということが大きな問題になりますが、これについては先年中国へ行ったときに、お会いした何人かの人たちから、〝中国では人間の寿命は百六十歳だとされ、だからその半分の八十歳のことを半寿というのだ〟という話を聞きました。また、ある科学の本には「寿命を縮めるあらゆる障害を除き、真の寿命を全うすれば、人間は百五十年から二百年は生きられるのではないか」と書かれているそうです。

さらに、わが国でこれまでいちばん長生きした人の記録としては、百二十四歳の男性がいたということも聞いたのです。

そういうことからすれば、私自身の寿命も、これまで長生きできたことに感謝しつつさらに努めていけば、まだまだ伸ばすことができるのではないか、という感じがします。そこで、実は昨年、数え年で九十歳になったのを機に、よし、ひとつ、自分は長寿の日本新記録に挑戦してみようと思い立ちました。そのためには、目標を百三十歳ぐらいにおいて、常に自分で自分を励まし燃え立たせつつ、日々なすべきことに取り組まなければ、と考えて、自分なりに努めている昨今です。

はたしてこの目標がどこまで達成できるかは、もちろん分かりません。しかし、分からないなりに、ともかくも一生懸命、希望と勇気をもって人生の歩みを続けることが、自分に恵まれたせっかくの寿命を生かしきる道であり、その道をとることが、私自身の務めでもあるのではないかと思うのです。

この作品は、一九八四年九月にＰＨＰ研究所より刊行された。

PHP文庫　人生心得帖

2001年5月15日　第1版第1刷
2024年9月5日　第1版第41刷

著　者　松下幸之助
発行者　永田貴之
発行所　株式会社PHP研究所
東京本部　〒135-8137 江東区豊洲5-6-52
ビジネス・教養出版部　☎03-3520-9617(編集)
普及部　☎03-3520-9630(販売)
京都本部　〒601-8411 京都市南区西九条北ノ内町11
PHP INTERFACE　https://www.php.co.jp/

制作協力
組　版　株式会社PHPエディターズ・グループ

印刷所
製本所　TOPPANクロレ株式会社

ISBN978-4-569-57560-5

PHP文庫好評既刊

商売心得帖
松下幸之助 著

事業一筋、その豊富な体験と深い思索から説く商売のコツ、ビジネスの基本の数々。いかなる時代にも通じる商売の初心・本質が語られる。

経営心得帖
松下幸之助 著

年々激しく変化する経営環境のなかで、日々の経営、商売、ビジネスはどうあればよいのか?「経営の達人」が説く、経営の機微と真髄。

社員心得帖
松下幸之助 著

厳しい企業環境のなか、いま社員の質が問われている。自らを高めるためになすべき事、考えるべき事とは? 体験豊かな著者が切々と説く。

人生心得帖
松下幸之助 著

著者の長年の体験と鋭い洞察から生み出された「人生の知恵」。生きる指針が見失われがちな現代に贈る、貴重な人生の指針の書。

実践経営哲学
松下幸之助 著

幾多の苦境・成功の体験からつかんだ著者ならではの経営観、経営理念。混迷が続く今日、経営の原点とは何かを、全ビジネスマンに問う。

経営のコツここなりと気づいた価値は百万両
松下幸之助 著

経営者が自身の質を問われる今日、どのように商売や経営をとらえるべきか。長年の事業体験を通して商売、経営のコツを披瀝した語録集。